ARQUITETURAS DO COTIDIANO
A OBRA DE RIBAS ARQUITECTOS 1960-2007

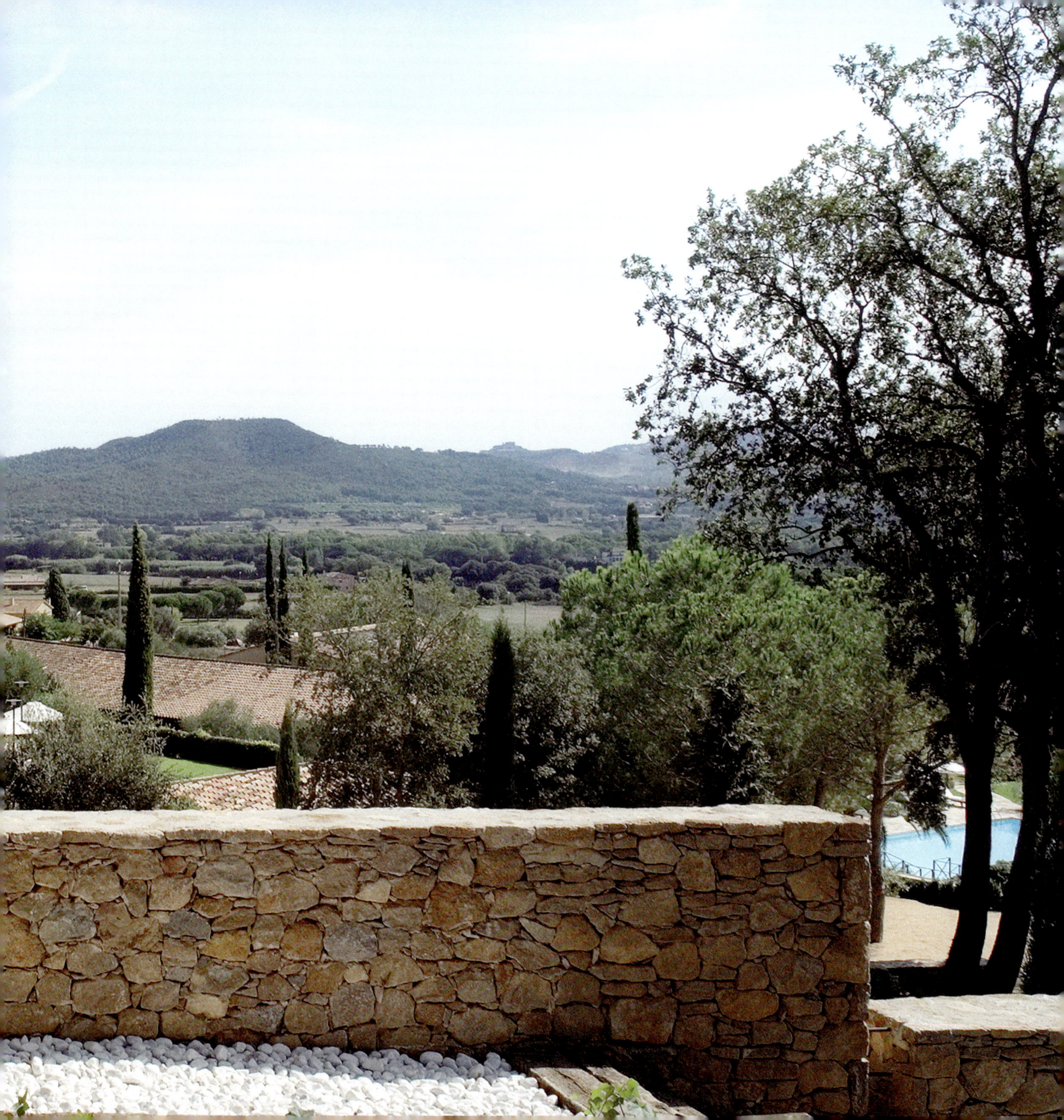

Cotrim, Marcio
   Arquiteturas do cotidiano: a obra de Ribas Arquitectos 1960-2007 / Marcio Cotrim
   - São Paulo : Romano Guerra Editora, 2008.
   120 p.: il.; fotos.

   ISBN: 978-85-88585-15-7

   1. Ribas Barangé, Francisco, 1933- 2. Ribas Malagrida, Damián, 1968- 3. Cia, José Luis, 1928-1984 4. Arquitetura Moderna - Espanha I.Título

22a. CDD 724.946

Serviço de Biblioteca e Informação da Faculdade de Arquitetura e Urbanismo da USP

LIVRO Arquiteturas do cotidiano. A obra de Ribas Arquitectos 1960-2007
AUTOR Marcio Cotrim
LOCAL E DATA São Paulo, 2008
EDITORA Romano Guerra Editora
EDITORIA Abilio Guerra e Silvana Romano Santos
DESIGN GRÁFICO Estação
REVISÃO Candombá
FOTOGRAFIAS ATUAIS Rodrigo Stocco
TRATAMENTO DE IMAGENS Jorge Bastos
DESENHOS Tatiane Rocha e Ivana Barossi Garcia
TEXTO DA 4ª CAPA Mónica Cruz Guáqueta
IMPRESSÃO ipsis gráfica e editora

A tipografia do texto é Rotis Sans Serif e a das legendas e títulos, Din. O papel do miolo é Couché Fosco 150g/m²; o da capa é Supremo Duodesign 250 g/m².
Fica proibida, salvo exceção prevista na lei, a reprodução (eletrônica, química, mecânica, ótica, de gravação ou de fotocópia), distribuição, comunicação pública e transformação de qualquer parte desta publicação – incluído o desenho da capa – sem a prévia autorização escrita dos titulares da propriedade intelectual e da editora. A infração dos direitos mencionados pode ser constitutiva de delito contra a propriedade intelectual. A Romano Guerra Editora não se pronuncia nem expressa, sequer implicitamente, a respeito da exatidão da informação contida neste livro, razão pela qual não pode assumir nenhum tipo de responsabilidade em caso de erro ou omissão.

© do texto: Marcio Cotrim
© da edição: Romano Guerra Editora, 2008
Romano Guerra Editora Ltda
Rua General Jardim 645 conj. 31
Vila Buarque 01223-011 São Paulo SP Brasil
Fone (11) 3255.9535 / 3255.9560
rg@romanoguerra.com.br
www.romanoguerra.com.br

ARQUITETURAS DO COTIDIANO
A OBRA DE RIBAS ARQUITECTOS 1960-2007

MARCIO COTRIM

Romano Guerra Editora
São Paulo, 2008, 1ª edição

AGRADECIMENTOS

Alexandre Barbieri, Carlos Capretz, Dina Elisabete Uliana, Fernando Alvarez Prozorovich, Fernando Eugenio Cabral de Paula Machado, Joan Antoni Pont, Letícia de Almeida Sampaio, Mónica Cruz Guáqueta e Rafael Méndez.

Estúdio Ribas Arquitectos (2000 2007): Arq. Francisco Ribas e Arq. Damián Ribas Malagrida, titulares. Equipe: Arq. Alexandre Amorim (Brasil); Arq. Adi Gal (Israel); Arq. Alessandra Moran (Peru); Arq. Ana Verges (Espanha); Arq. Belen Borràs (Espanha); Arq. Borja Pedret (Espanha); Arq. David Jorge (Bélgica); Arq. Doron Minin (Israel); Francesc Iloberes (Espanha); Arq. Guillem Auge (Espanha); Arq. Jaime Prous (Espanha); Joan Antoni Pont (Espanha); Arq. Joan Ovejero (Espanha); Arq. Liliane Corrêa Lemos (Brasil); Maite Cunchillos (Espanha); Arq. Paulo Martins (Portugal); Arq. Ricardo Mauricio (Portugal); Arq. Tatiane Rocha (Brasil); Arq. Victoria Aragones (Espanha).

9 **PARTE I** INTRODUÇÃO
  9 Entre protagonistas e esquecidos
11 O legado construtivo
16 Contexto inicial

23 **PARTE II** 1960-1994
23 Casas unifamiliares
36 Edifícios institucionais
42 Outros programas
46 Edifícios plurifamiliares

53 **PARTE III** 1995-2007
55 Outros programas
56 Edifícios institucionais
63 Concursos
68 Edifícios plurifamiliares
74 Casas unifamiliares
104 Jogo de espelhos: casas unifamiliares em curso
108 Notas
118 Bibliografia
118 Imagens

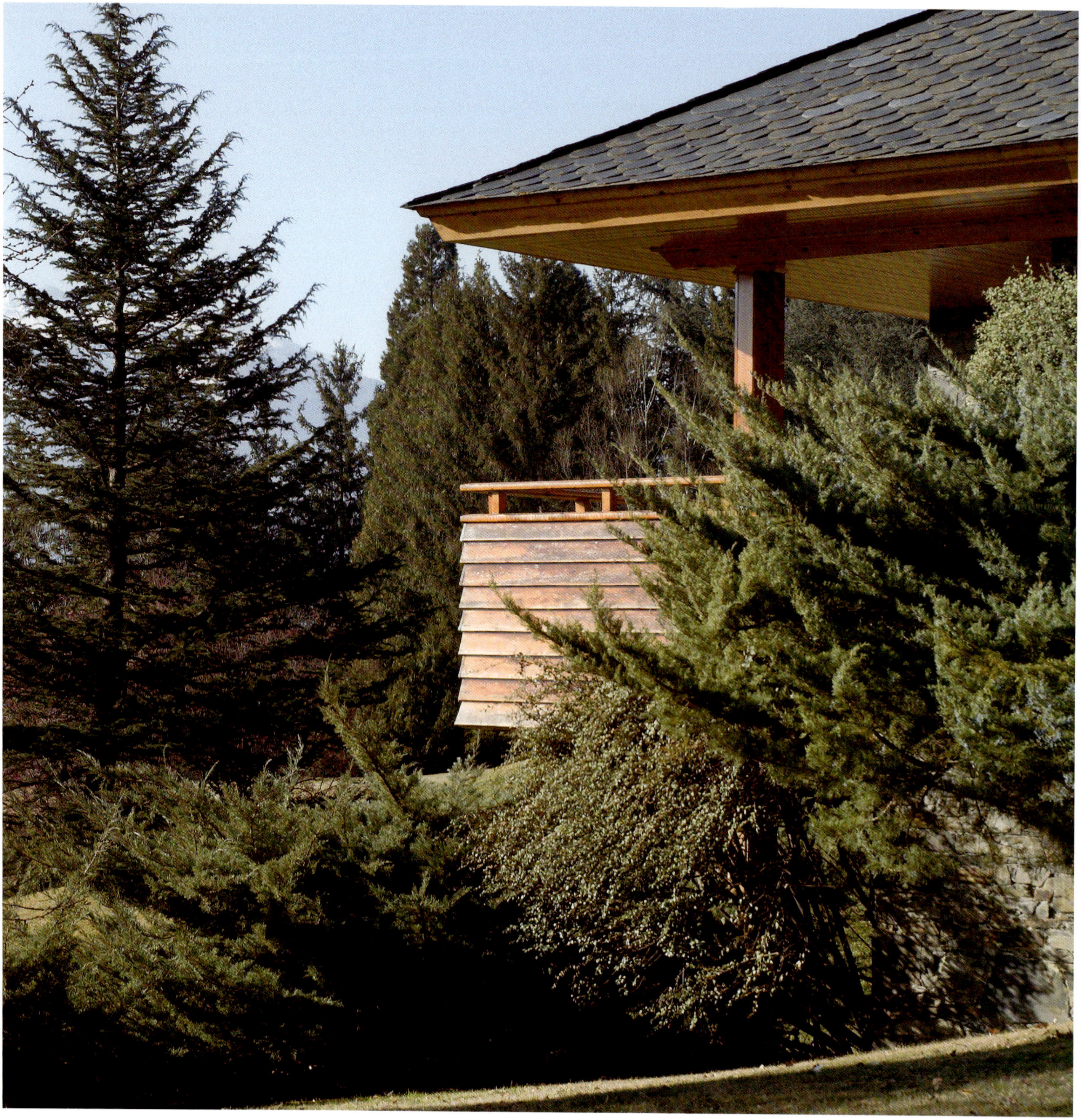

PARTE I INTRODUÇÃO

"Temos que fugir das obras geniais. A arquitetura não é um espetáculo, é um ofício com um importante teor de imaginação e sensibilidade."
Francisco Ribas, 2004

ENTRE PROTAGONISTAS E ESQUECIDOS

Qualquer tentativa de classificar os arquitetos e suas obras pelo grau de protagonismo alcançado revelaria o quanto subjetiva pode chegar a ser este tipo de classificação: a) exitosos que foram esquecidos; b) esquecidos que foram relembrados; c) modestos e geniais; d) falsos modestos que também são geniais; e) esquecidos que permanecerão esquecidos; f) esquecidos à espera de serem relembrados etc.

Independentemente destas possíveis categorias existe um número grande de obras que, por circunstâncias históricas ou contextuais, foram deixadas à margem dos livros de arquitetura e de sua historiografia. Assim mesmo, entre elas se escondem arquiteturas merecedoras de atenção, construídas no limite do real e do possível, muitas vezes submetidas a orçamentos mais modestos ou simplesmente imbricadas ao âmbito privado. Arquiteturas desenvolvidas em meio à rotina de pequenos escritórios que procuram o ponto de inflexão de suas obras na lenta, gradual e paciente evolução; na experiência acumulada e depurada no dia-a-dia de trabalho, no cotidiano. Talvez possam ser chamadas de arquiteturas anônimas, construídas por arquitetos situados entre protagonistas e esquecidos; ou talvez sejam simplesmente arquiteturas discretas.

LOGOTIPO DA RIBAS Y PRADELL UTILIZADO ATÉ OS ANOS 1940

PUBLICIDADE DA RIBAS Y PRADELL NA REVISTA *A.C.* 1932

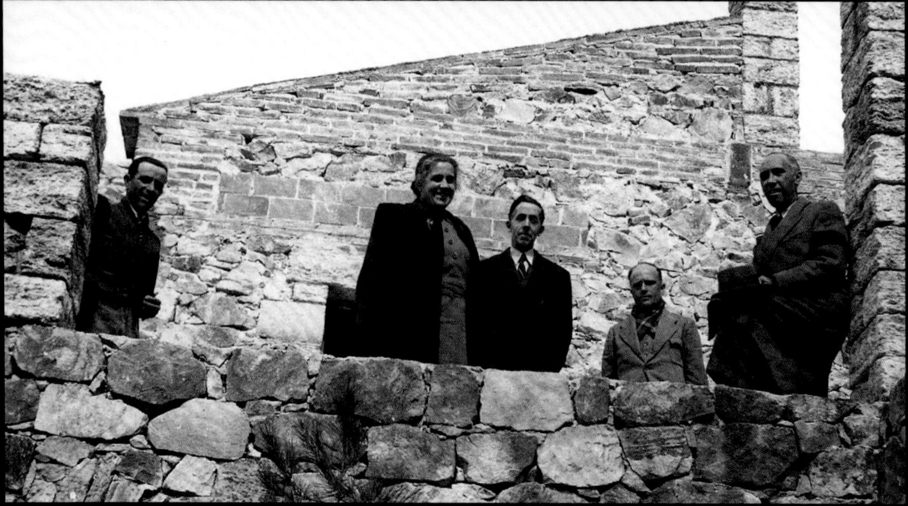

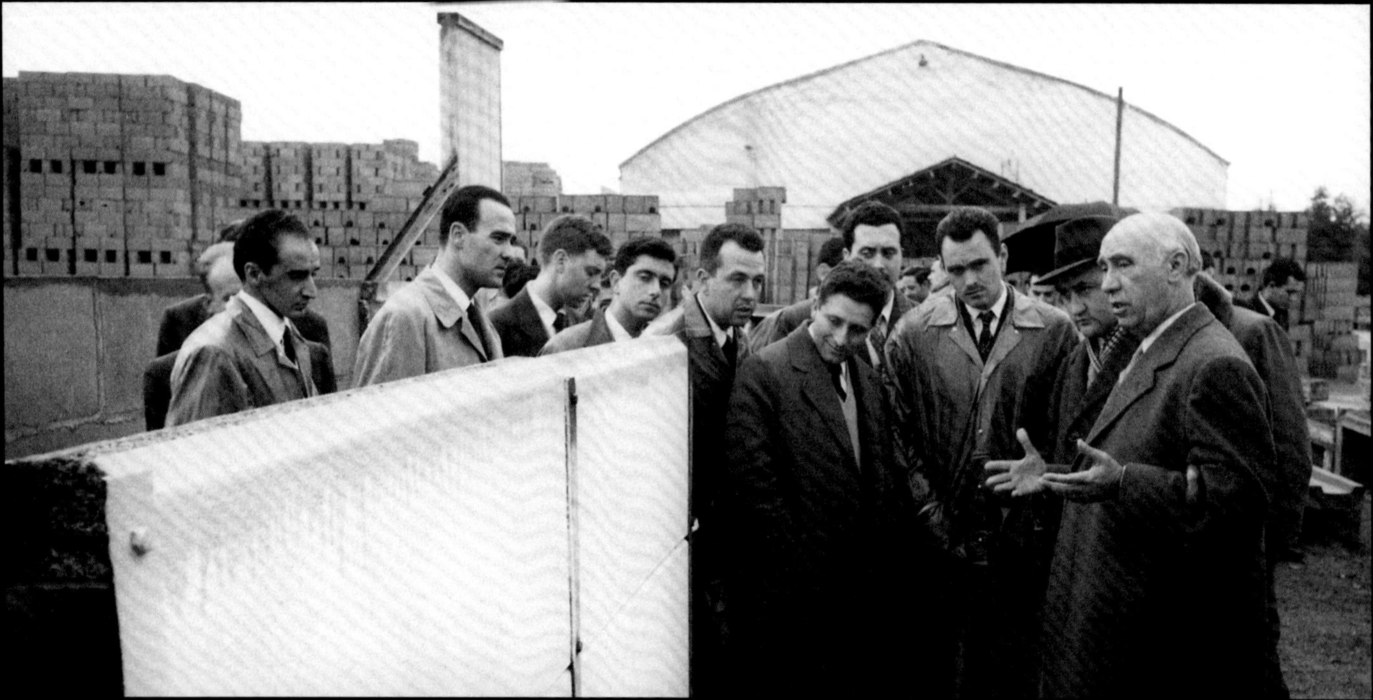

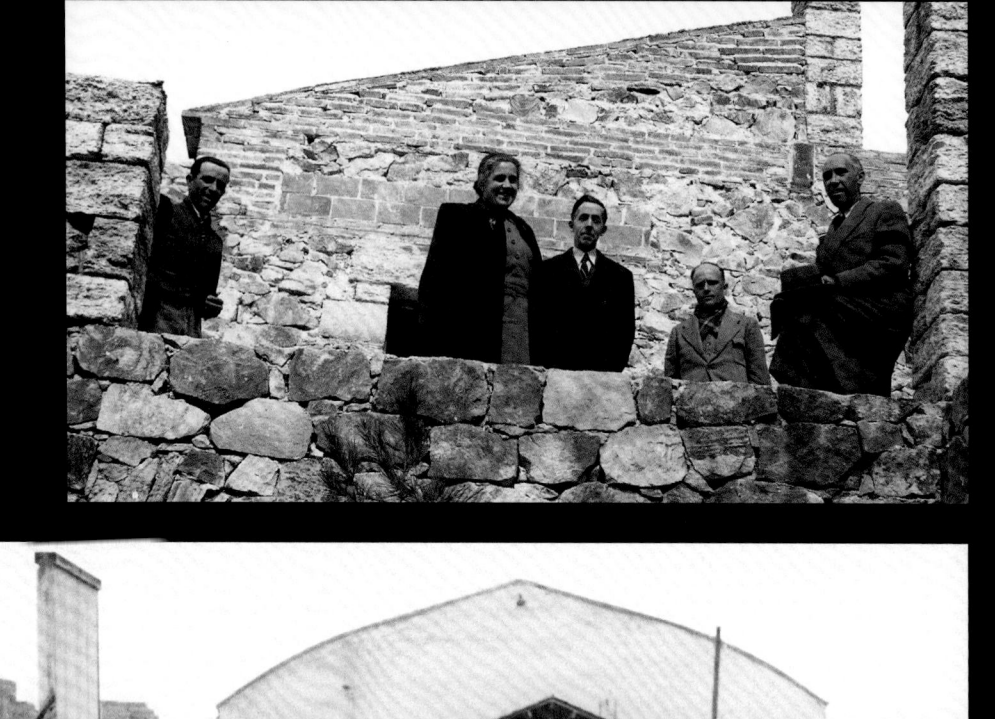

A obra do catalão Francisco Ribas e do navarro José Luis Cia seguramente pode ser incluída entre essas arquiteturas; não as anônimas, dada a importância de alguns dos seus projetos, mas sim as discretas: menos virtuosas e mais de ofício. Ribas e Cia são arquitetos produtores de um conjunto volumoso, composto por obras que pretendiam ser apenas bem realizadas e integradas a uma paisagem ou estrutura concreta. Tais obras tinham intenção, sobretudo, de serem imersas numa tradição significativamente marcada: aquela que buscou dar continuidade ao elo com a arquitetura moderna espanhola da década de 1930, lentamente restabelecido ao longo dos anos 1950, e que a um só tempo pretendeu se atualizar frente às mudanças no panorama arquitetônico internacional em que se desenharam depois da Segunda Guerra Mundial[1].

O LEGADO CONSTRUTIVO

Damián Ribas Barangé[2] assumiu os negócios de sua família no final da década de 1920, entre eles a construtora barcelonesa Ribas y Pradell. Em julho de 1926 se formou arquiteto na Escola Superior de Arquitetura de Barcelona[3], profissão que foi escolhida também por seu filho Francisco Ribas Barangé, 35 anos depois.

CASA, DAMIÁN RIBAS BARANGÉ, PLATJA D'ARO, CATALUNHA, 1944

DAMIÁN RIBAS BARANGÉ EXPLICANDO O SISTEMA CONSTRUTIVO DURISOL, BARCELONA, 1957

ARQUITETO JOSÉ LUIS CIA

ESTANDE NA EXPOSIÇÃO DE BARCELONA, 1929

LOGOTIPO UTILIZADO A PARTIR DOS ANOS 1950

A Ribas y Pradell[4] se destacou na segunda metade do século XIX e início do XX por suas construções de madeira; nestes anos foi encarregada de edifícios representativos, como a sede do Club Marítimo, o Real Club de Polo e edifícios públicos em Fernado Poo, Guiné Equatorial. A partir de 1930 a empresa se expandiu como fábrica de elementos cerâmicos e, já passado seu centenário (1845-1945), abordou a construção em pré-fabricados leves de madeira, concreto e aço (Durisol)[5]. Suas atividades foram fundamentais em diferentes momentos da arquitetura de Barcelona. Os edifícios, construídos principalmente entre as décadas de 1930 e 1970, ilustram uma parte importante da produção arquitetônica do século XX na cidade e em seus arredores, confundindo-se com sua história. Como exemplo, podem-se destacar dois momentos: a segunda metade dos anos 1930, com o edifício plurifamiliar da Plaza Molina (1935-1936) do arquiteto Jaume Mestres i Fossas (1892-1981) – obra em que pese a simplicidade decorativa e a racionalização de suas plantas, ainda se mostrava arraigada a um sistema compositivo acadêmico; e o final dos anos 1950, com o Edifício Tokio de Francesc Mitjans i Miró na Avenida de Pedralbes, resultado da maturidade de uma geração formada nas décadas de 1930 e 1940.

No final da década de 1940 a Ribas y Pradell também participou de operações urbanísticas importantes como o bairro de Pedralbes[6], por meio da Sociedad Ibérica de Urbanizaciones[7] constituída por Damián Ribas Barangé. O bairro foi proposto como um bairro-jardim destinado a classes sociais mais altas, com edifícios isolados nas parcelas e jardins abertos[8]. Seus primeiros edifícios na Avenida de la Victoria, atualmente Avenida de Pedralbes, foram encarregados pela Ribas y Pradell ao arquiteto Raimon Durán i Reynals (1895-1966). Trata-se de projetos marcados por arquitetura rigorosamente apoiada em códigos compositivos acadêmicos, tanto em seu volume como em suas plantas[9].

Damián Ribas Barangé, após formar-se arquiteto na segunda metade dos anos 1920, compartilhou o escritório da Calle Mallorca[10] com os amigos Durán i Reynals, Josep Iglesias e Pelai Martínez. Devido ao tempo cada vez maior que a empresa construtora lhe exigiu depois da morte de seu pai – o que lhe dificultou exercer com mais constância a profissão de arquiteto –, pôde firmar alguns poucos projetos, como a Companhia

EDIFÍCIO NA AV. VICTORIA. PLANTA TIPO

PROTÓTIPO DE MADEIRA. BARCELONA. ANOS 1930

CASA DE MADEIRA DA RIBAS Y PRADELL. GUINÉ EQUATORIAL. ANOS 1890

EDIFÍCIO TOKIO. BARCELONA. 1957

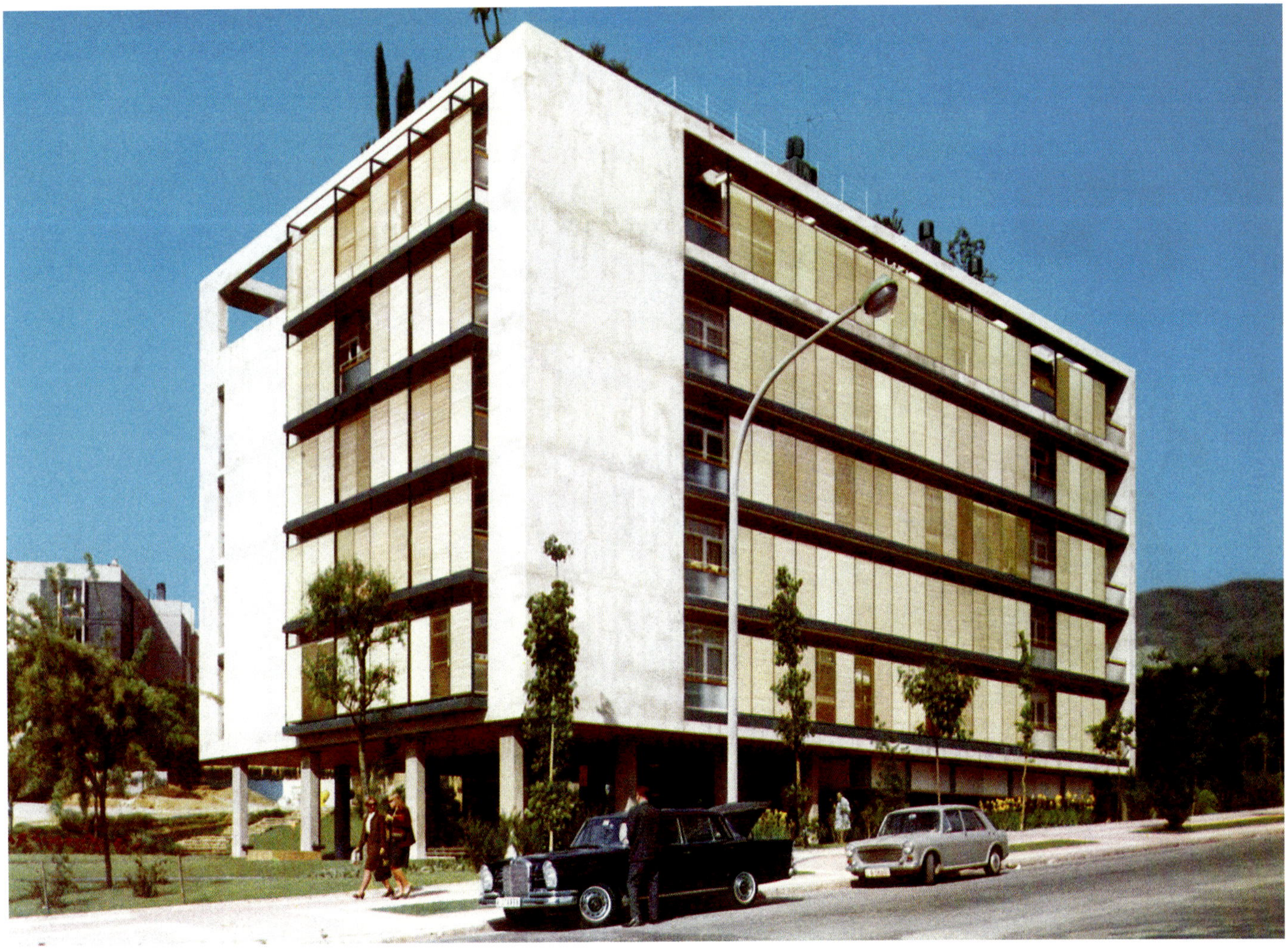

EDIFÍCIO NA AV. VICTORIA, RAIMON DURÁN I
REYNALS, BARCELONA, ANOS 1950

EDIFÍCIO DA RUA ARIBAU, RAIMON DURÁN I
REYNALS, BARCELONA, 1932-1935

CASA JOSEP MARIA BARANGÉ, RAIMON DURÁN I
REYNALS, BARCELONA, 1933

CASA EM IGUALADA, FRANCISCO RIBAS, 1993

CASA, FRANCISCO RIBAS, KUAIT, 1992

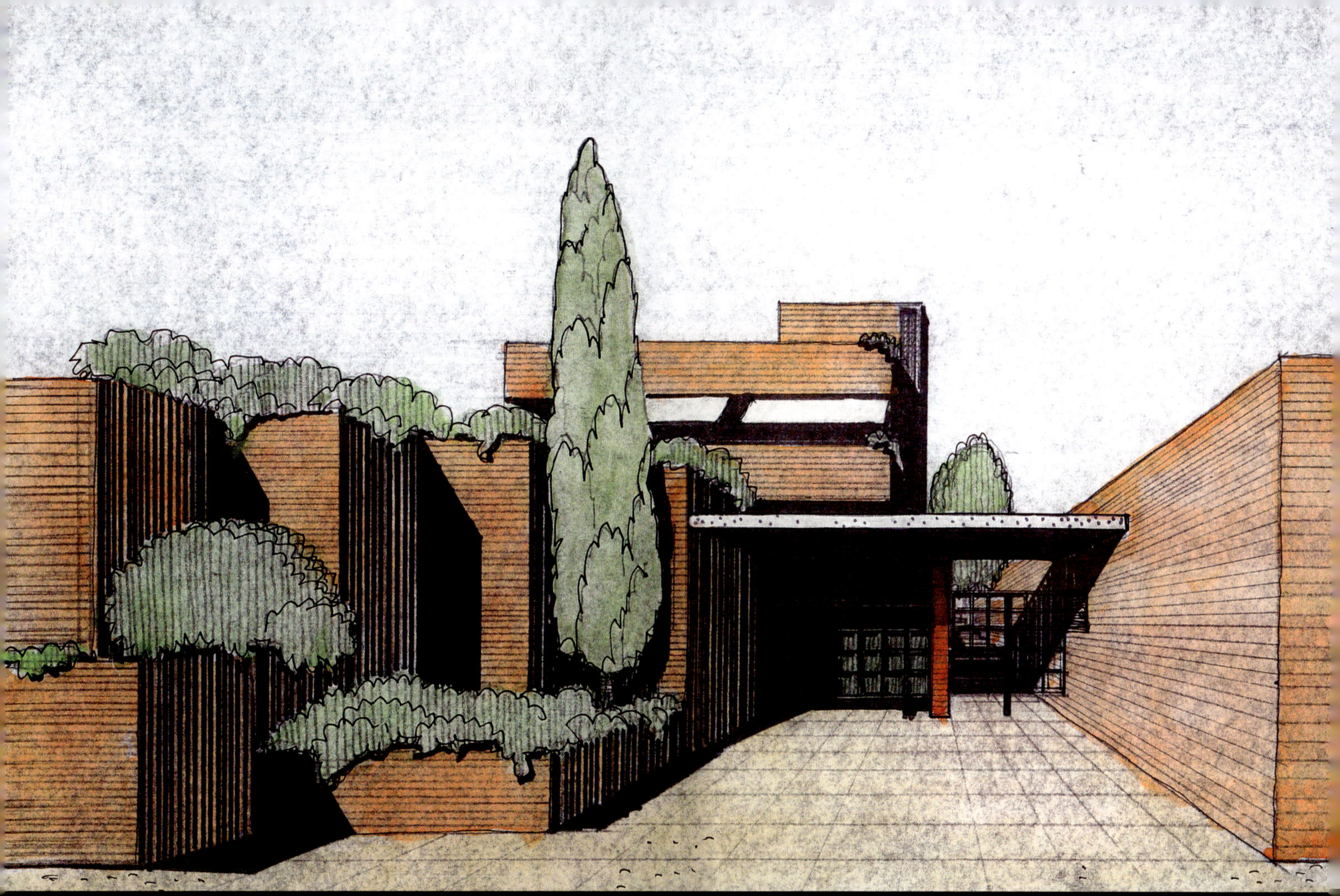

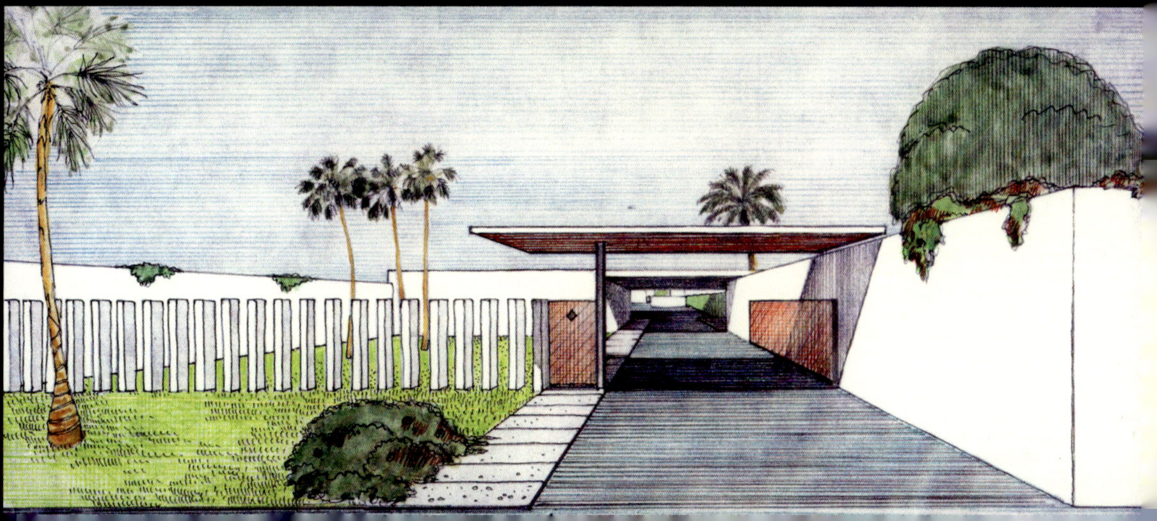

EDIFÍCIO DO COAC CONSTRUÍDO PELA RIBAS Y PRADELL. XAVIER BUSQUETS SINDREU E JOSEP ROSELLÓ. BARCELONA, 1958-1962

Anônima Fabra y Coats na década de 1930, e inclusive alguns com Durán i Reynals, como a casa de 1944-1945 em Platja D'aro, na Costa Brava. Além da amizade e do ambiente festivo que marcou o escritório da Calle Mallorca, a relação profissional entre os dois – Damián Ribas Barangé e Raimon Durán i Reynals – sempre foi prolífica. Entre os muitos projetos que Durán realizou para a Ribas y Pradell se destacam o edifício de apartamentos da Calle Aribau nº 234 (1932-1935), publicado no número 20 da revista *A.C*; o edifício de apartamentos na Avenida de Pedralbes no início dos anos 1950; e a casa unifamiliar de 1933 para Josep Maria Barangé – tio de Francisco Ribas –, vizinha daquela onde tinha vivido com seu pai. Este último projeto, "con el mismo estuco blanco de Le Corbusier – el mismo blanco de las construcciones rurales de Menorca – adapta los presupuestos vanguardistas al entorno que impone el paisaje y el clima"[11], *antecipando* a estratégia elaborada no anos 1950 e sistematizada nos anos 1960 por um número expressivo de arquitetos catalães, inclusive pelos próprios Ribas e Cia.

CONTEXTO INICIAL

Ao terminar a universidade em 1960, Francisco Ribas trabalhou – por muito pouco tempo – com Durán i Reynals, no mesmo escritório da Calle Mallorca nº 288 e no mesmo ambiente festivo que seu pai havia desfrutado. Ainda neste ano, participou do projeto do edifício para a Mutua Nacional del Automóvil na Avenida Diagonal e da reforma e renovação do edifício de tribunais de Justiça[12]. Puderam assinar juntos os projetos da Casa Rosal, do Tenis Club de Barcelona e do edifício de apartamentos da Calle Cavallers de 1963, construído pela Ribas y Pradell no bairro de Pedralbes.

Seguramente o ambiente em que Francisco Ribas esteve envolvido desde a adolescência foi decisivo para sua atuação profissional. Do próprio Durán i Reynals se pode perceber o interesse e o talento pelo desenho, pelos eixos ordenadores de projeto e pela frontalidade. Esta última característica é evidente em muitas das perspectivas desenhadas por Francisco Ribas.

Francisco Ribas também manteve um contato estreito com outros arquitetos contemporâneos, como Miguel Fisac, Robert Terradas i Vía e Antonio Bonet Castellana. Com os dois últimos projetou o Hotel Hilton, na Avenida Diagonal, ao lado do Parque

Cervantes, que não chegou a ser construído. Com Bonet colaborou no edifício de apartamentos na Costa Brava e na sede do RACC, também na Avenida Diagonal[13], que tampouco foram construídos. Com Josep Maria Subirachs fez, em 1962, o monumento aos mortos no acidente aéreo da companhia Iberia em Sevilha, ocorrido no mesmo ano.

MONUMENTO AOS FALECIDOS NO ACIDENTE AÉREO DA IBERIA. JOSEP MARIA SUBIRACHS E FRANCISCO RIBAS. SEVILHA. 1962

No começo dos anos 1960 a Espanha se viu impulsionada pelo crescimento econômico iniciado na década anterior, conseqüência da lenta retomada financeira depois da Segunda Guerra Mundial. A modernização nos planos político e econômico veio acompanhada da liberação do pensamento arquitetônico, que se desvinculou lentamente dos esquemas clássicos monumentais da década de 1940.

Durante esses anos se consolidou a responsabilidade de dar sustento e a necessidade de afiançar os logros da década anterior, ainda que em direção a novos argumentos. Se a arquitetura dos anos 1950 na Catalunha mostrou um grande interesse pelos componentes estruturais e pelo otimismo tecnológico, depois de 1963 parece buscar um vínculo maior com um suposto regionalismo e "mediterraneidade". Nesse quadro assumem um papel importante o Grup[14], fundado em 1951, e individualmente José Antonio Coderch de Sentmenat (1913-1984).

Pouco antes de concluir os estudos universitários, Francisco Ribas recebeu de um familiar o encargo de projetar uma casa de fim de semana nos Pireneus catalães. Para participar do projeto, ele convidou seu amigo José Luis Cia (conhecido por todos pela alcunha de Felipe), com quem havia cursado a universidade. Juntos iniciaram o escritório Ribas y Cia Arquitectos em um apartamento com vistas à praça da Catedral de Barcelona, justamente quando ali se terminava o edifício do Colegio Oficial de Arquitectos de Catalunya (COAC), projetado por Xavier Busquets i Sindreu e Josep Rosselló – ganhadores do concurso[15] – e construído pela empresa de seu pai. Em paralelo fundou com Miguel Milá e E. Pérez Ullibarria o estúdio de desenho de móveis Tramo S.A.[16], do qual se afastou poucos anos depois.

Este primeiro encargo condensou uma série de pressupostos: a aplicação do apreendido na faculdade de arquitetura e do percebido no cotidiano de trabalho

ARQUITETOS FRANCISCO RIBAS BARANGÉ E DAMIÁN RIBAS MALAGRIDA

CASA. RIBAS Y CIA ARQUITECTOS, GUILS, CERDANHA, CATALUNHA, 1960. FACHADA SUDOESTE, PERSPECTIVA AÉREA, FACHADA SUDESTE

de seu pai naqueles anos 1950, bem como a consciência das conquistas da década anterior, na qual se viu gradualmente reorientada uma arquitetura que tinha sido, de certo modo, interrompida. Estes aspectos se somaram a condicionantes muito particulares: o enfrentamento de um meio físico significativamente marcado pela paisagem e por aspectos culturais e construtivos, e um tipo de programa específico, como pode ser o de uma segunda casa de uso esporádico. Tais pressupostos e condicionantes exigiram um posicionamento inicial que seria aperfeiçoado no transcurso dos anos seguintes e que, inevitavelmente, determinaram um eixo condutor que seria rigorosamente mantido.

Estes aspectos foram incorporados naquele primeiro projeto. De um lado, a busca por uma arquitetura vinculada à região se exemplifica na eleição da tipologia do pátio, no uso de materiais locais e na preocupação por adequar o edifício ao terreno e à paisagem circundante. Do outro, em uma tônica mais racionalista, opta-se pela utilização das persianas como elemento compositivo e ao mesmo tempo como filtro

19

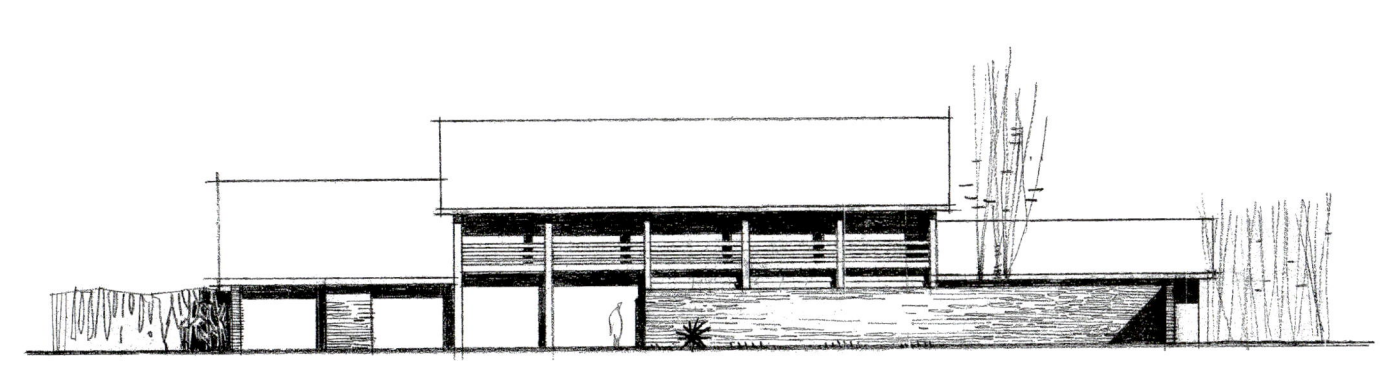

ALZADO S-E   ESCALA 1/100

CASA COM PÁTIO, VIAGEM DE FRANCISCO RIBAS A KYOTO, JAPÃO, ANOS 1960

CASA COM PÁTIO, VIAGEM DE FRANCISCO RIBAS A KYOTO, JAPÃO, ANOS 1960

solar, por uma rigorosa disposição das aberturas nas fachadas, pela utilização consciente das sombras como meio expressivo e pela geometria clara da planta.

Ao longo dos anos 1960, a opção de combinar estas vias, inicialmente condicionada por seu entorno e manifestada naquela primeira casa na montanha, foi moldada pela prática profissional e pela atividade docente na Escuela Superior de Arquitectura de Barcelona (ETSAB)[17]. Somou-se a isso uma aprendizagem continuada na qual ganharam importância as viagens de estudo, que confirmam os interesses iniciais dos arquitetos: Finlândia, Dinamarca, Itália, França, Índia, Estados Unidos e Japão. Lugares onde tiveram contato com a obra de Alvar Aalto, Arne Jacobsen, Le Corbusier, Frank Lloyd Wright, Mies van der Rohe e Gio Ponti.

Entre estes arquitetos, os nórdicos assumem um papel protagonista – Francisco Ribas visitou inclusive o escritório de Alvar Aalto –, refletindo um interesse que passava pela própria reorientação da arquitetura catalã dos anos 1950. Posição que foi reivindicada por Bruno Zevi na sua conferência em Barcelona em 1950[18], pelo Grup R e pelo próprio Coderch, que se converteu em uma referência importante para a geração que emergiu naqueles anos.

"Uno de los problemas más importantes para un arquitecto es hacer compatible el progreso con la humanidad que irradian las viejas construcciones. [...] Debo decir que muy a menudo la contemplación de las obras de los arquitectos finlandeses me ha servido de consuelo y de esperanza [...] porque revela la existencia en ese país de un gran número de arquitectos que respetan los valores esenciales del hombre y del mundo que nos rodea"[19].

O respeito aos valores do homem e do mundo que o rodeia parece ser uma das chaves para a compreensão da arquitetura de Francisco Ribas e José Luis Cia, sobretudo quando interpretam este mundo como a somatória de valores culturais e de aspectos naturais do meio físico, delimitando assim a vontade de combinar aspectos essenciais da cultura local com outros de caráter mais universais, implícitos nas correntes vanguardistas européias dos anos 1920. As arquiteturas de Alvar Aalto,

Arne Jacobsen, e inclusive algumas mais distantes como a de Frank Lloyd Wright, ofereceram peças fundamentais para a resolução desta problemática inicialmente enfrentada naquele primeiro projeto na montanha. A arquitetura popular japonesa, principalmente a de Kyoto, teve também um papel decisivo na tradução de aspectos culturais autônomos pelo uso de materiais, pelo purismo e pela delicadeza na organização de volumes ao redor de pátios, capazes de criar outras paisagens, controladas e contrapostas à circundante.

Em 1961, J. A. Coderch escreveu um artigo para a revista Italiana *Domus* intitulado "No son genios lo que necesitamos ahora". O autor, no mesmo ano que Francisco Ribas e José Luis Cia construíram seu primeiro projeto, sugere a preocupação que compartilhariam mais tarde. Segundo Coderch:

"No, no creo que son genios lo que necesitamos ahora. [...] Necesitamos que miles y miles de arquitectos que andan por el mundo piensen menos en Arquitectura (con mayúscula), en dinero o en las ciudades del año 2000, y más en su oficio de arquitecto. Que trabajen con una cuerda atada al pie, para que no puedan ir demasiado lejos de la tierra en la que tienen raíces, y de los hombres que mejor conocen"[20].

Talvez aqui já seja possível delimitar os pontos essenciais que conformam a poética que precede o ato de projetar na obra do escritório Ribas y Cia: a imersão em uma tradição moderna a duras penas restabelecida e o respeito pelos valores culturais e pelo meio físico onde se inserem seus projetos.

Talvez por isso, para Francisco Ribas e José Luis Cia, não caiba o gênio, mas todo o contrário – o artífice, produtor de uma arquitetura desenvolvida como um ofício, mais vinculado a um processo artesanal que ao virtuosismo, em que a sensibilidade com os materiais que se maneja (e podemos incluir aqui a própria paisagem como objeto transformável) deriva de uma técnica continuamente experimentada e aperfeiçoada. Não é uma criação fechada em si mesma – atribuição dos gênios –, mas a constituição contínua de um artefato harmoniosamente inserido em um meio particular.

UNITÉ D'HABITACION DE MARSEILLE. VIAGEM DE FRANCISCO RIBAS. ANOS 1960

EDIFÍCIO DA EMPRESA RIBAS Y PRADELL. RIBAS Y CIA ARQUITECTOS. BARCELONA. 1971

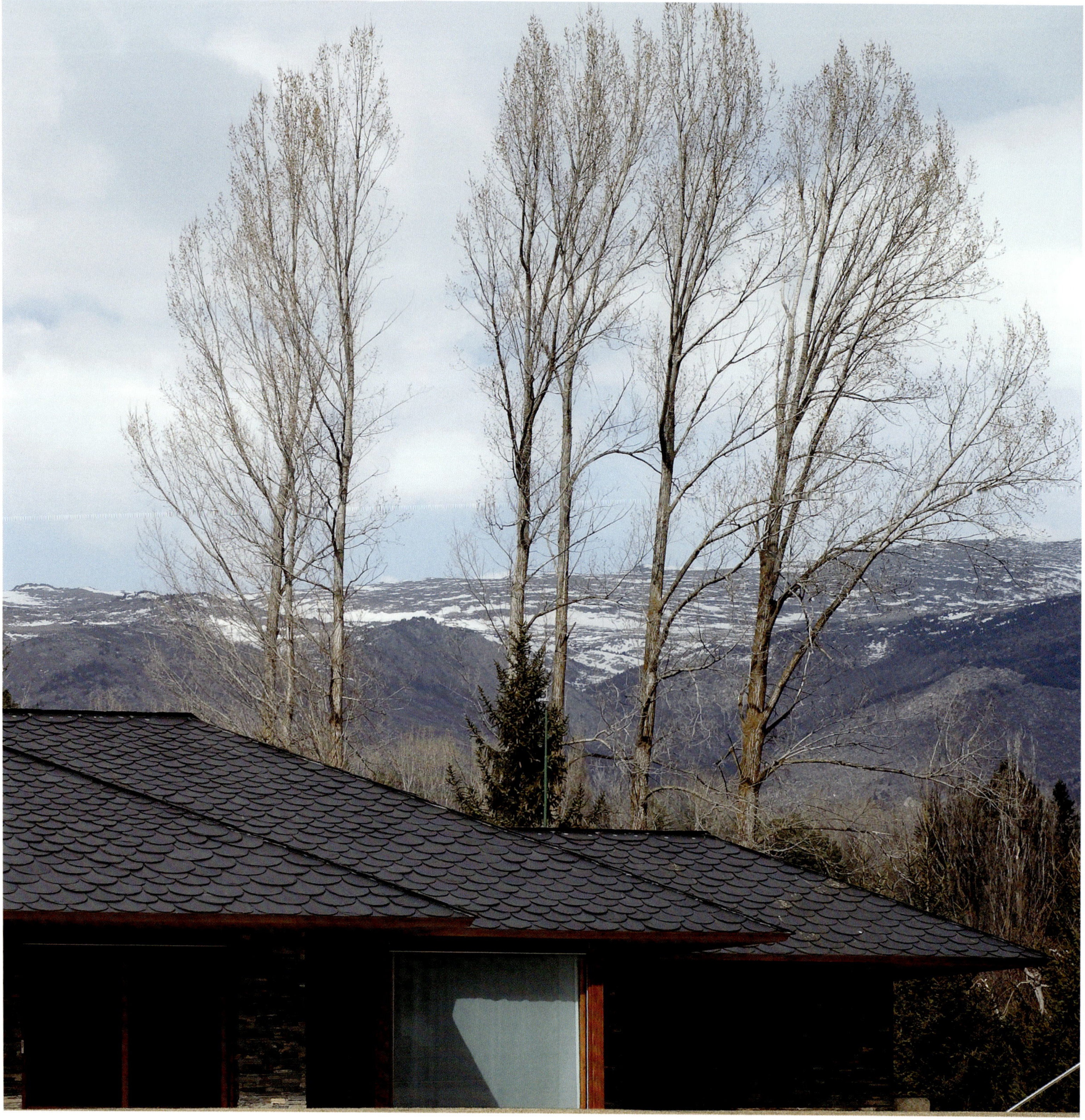

PARTE II 1960-1994

SALA DE ESTAR DE UMA CASA NA CERDANHA. FRANCISCO RIBAS, 1960

CASA, RIBAS Y CIA ARQUITECTOS, GUILS, CERDANHA, CATALUNHA, 1980

CASAS UNIFAMILIARES

Os projetos residenciais são, sem dúvida, o programa com que mais vezes se deparou o escritório Ribas y Cia Arquitectos e no qual puderam experimentar, ajustar e fazer evoluir soluções que se tornaram constantes em seus edifícios, manifestando-se inclusive em outros programas. Uma operação que não é simplesmente a transposição de uma receita fácil e reutilizável, mas sim a conjugação de elementos que adquiriram matizações e significados novos em cada projeto.

Ao percorrer algumas das mais de cem casas projetadas e construídas entre 1960 e 1985, ficam evidentes tanto o papel que este programa assume, ao definir o âmbito privado como sua principal esfera de atuação, quanto o enfrentamento de um uso bem definido, o da segunda casa em uma região em particular (a comarca de Cerdanha na Catalunha), que condiciona estes edifícios a certos usos, materiais e normas, bem como a um meio físico com características precisas.

A recorrência das soluções aplicadas nestas residências pressupõe em grande parte a definição de uma arquitetura, de um modo de fazer e pensá-la, que se expandiu em direção a outros programas, escalas e localizações, determinando esses projetos sem prescindir de uma leitura atenta de suas especificidades, o que, por sua vez, garantiu-lhes um caráter experimental.

Às obras e aos arquitetos que serviram de referência inicial pode-se somar, com o mesmo grau de importância e simetria, a preocupação com os aspectos culturais locais.

CASA, RIBAS Y CIA ARQUITECTOS, GUILS, CERDANHA,
CATALUNHA, 1980. PÁTIO DE ACESSO, FACHADA
SUDESTE, IMPLANTAÇÃO, PLANTA DA COBERTURA,
PAVIMENTO TÉRREO

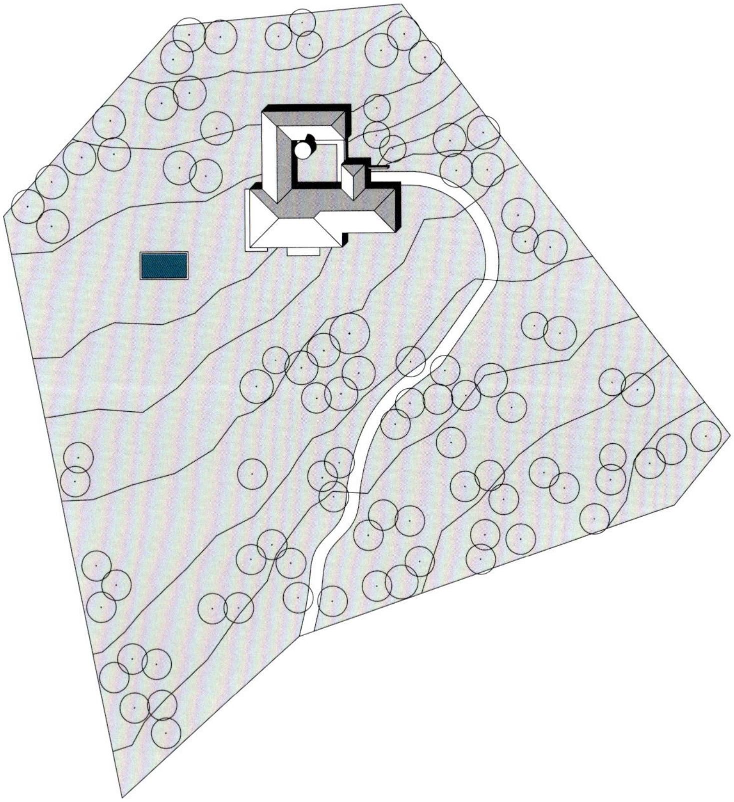

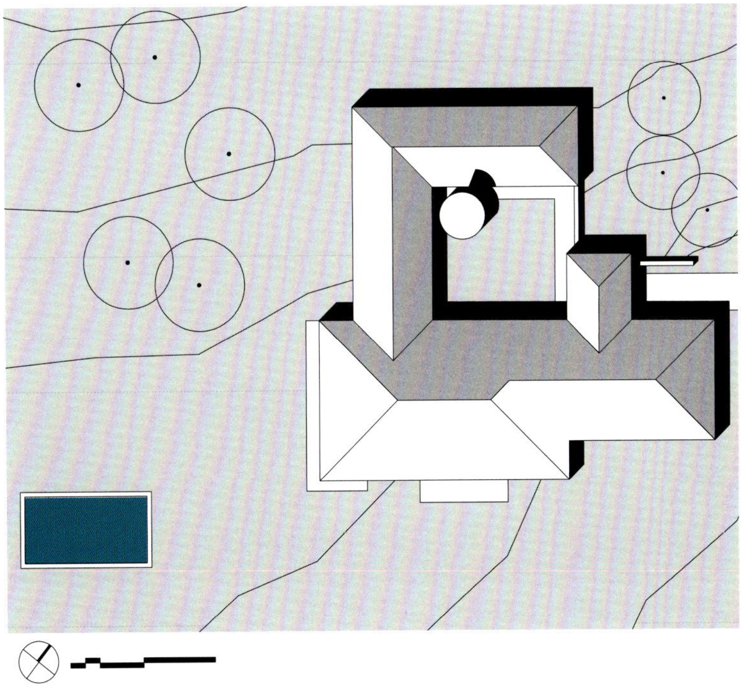

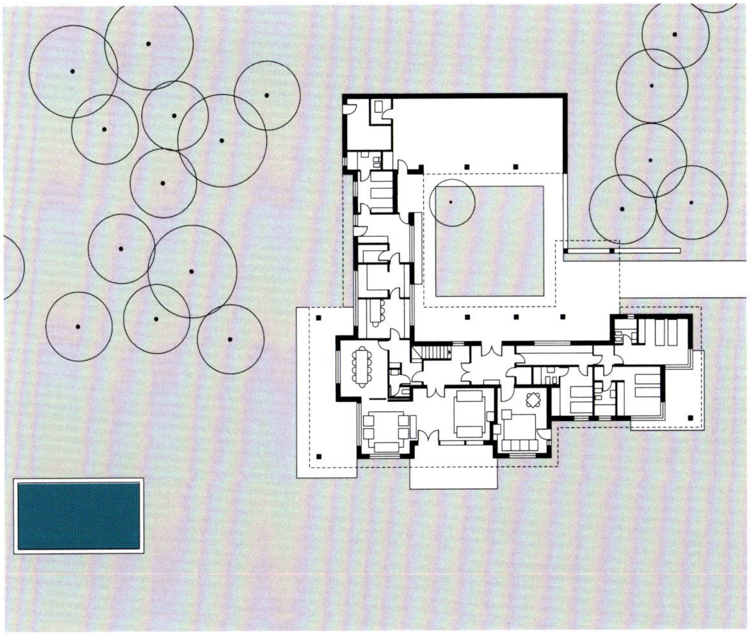

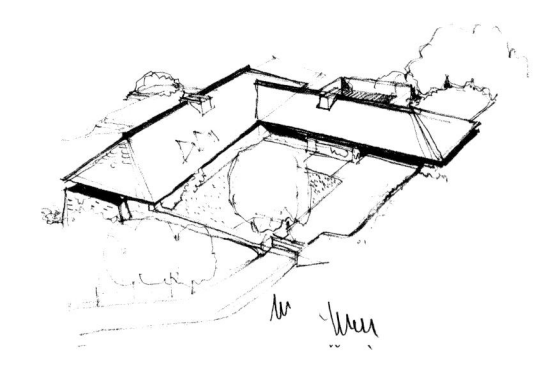

A partir deles se construiu uma série de argumentos que legitimaram o fazer arquitetônico materializado em alguns elementos identificáveis: 1) compositivos: o predomínio da horizontalidade, os contrastes entre claros e escuros gerados pelas coberturas e varandas, o caráter das fachadas reguladas e controladas por elementos estruturais (como vigas e lajes), a importância dada à cobertura como elemento protagonista; 2) organizadores: o pátio como determinante da articulação entre os volumes e seus respectivos usos, a vegetação como parte imprescindível da arquitetura na construção de ambientes; 3) aqueles que relacionam o projeto com seu entorno: a adaptação ao terreno, a prolongação dos espaços interiores por meio das transparências.

CASA COM PÁTIO (CROQUIS DE FRANCISCO RIBAS)

FACHADAS DE UMA CASA NA CERDANHA, ANOS 1980

CASA, FRANCISCO RIBAS, DAS, CERDANHA, CATALUNHA, 1995

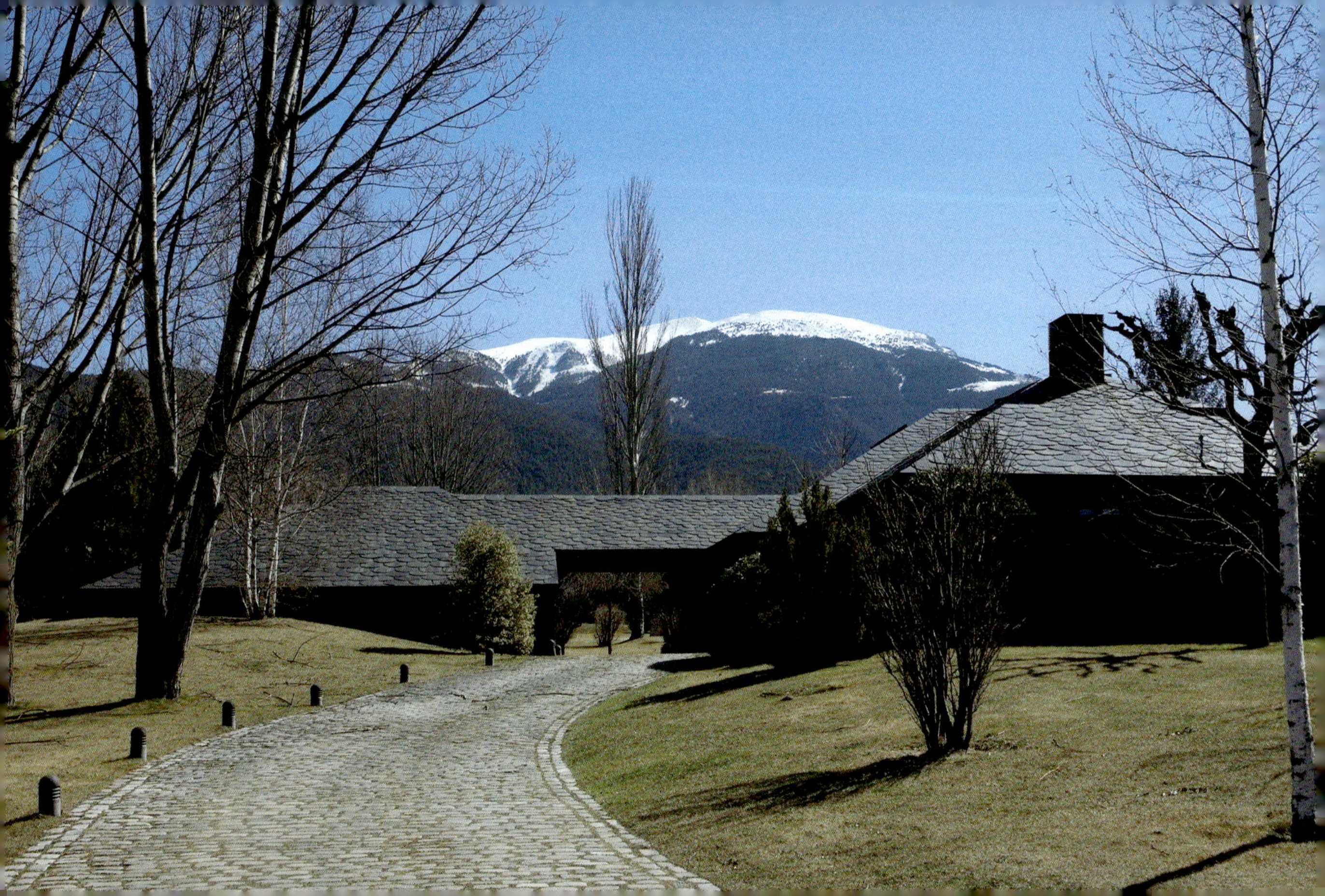

CASA, RIBAS ARQUITECTOS, GUILS, CERDANHA, CATALUNHA, 2001. ÁREA PARA ESTACIONAMENTO. FACHADA LESTE, CIRCULAÇÃO EXTERIOR

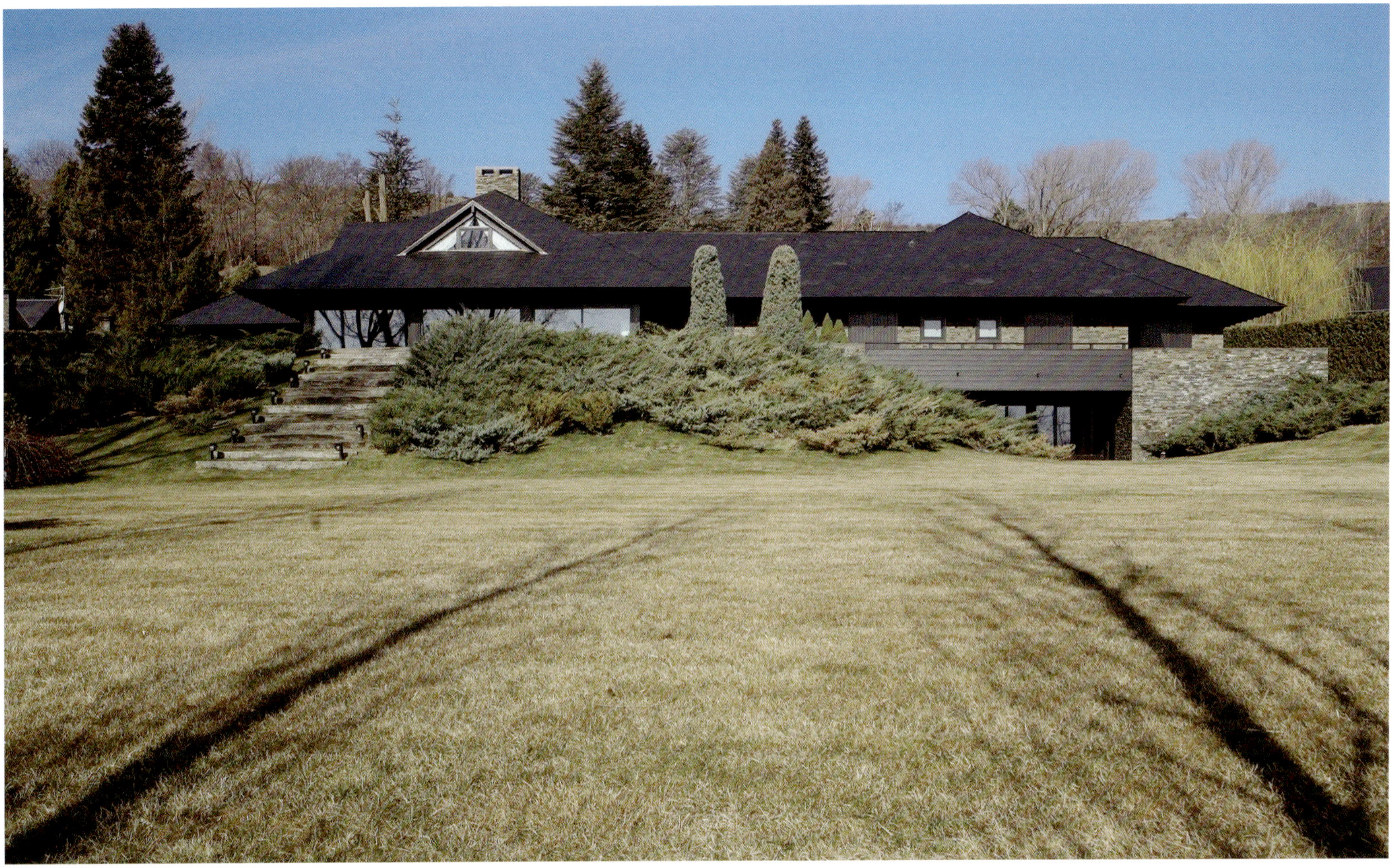

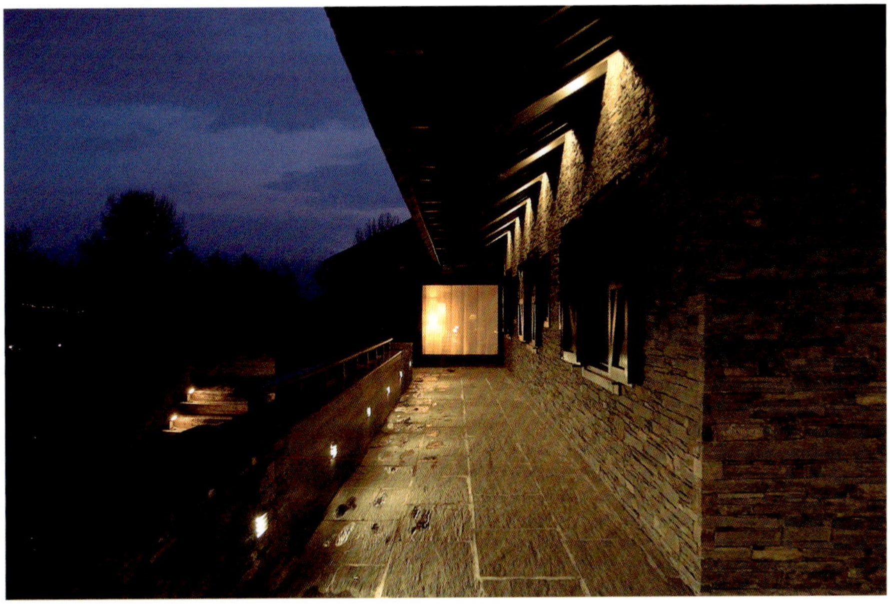

CASA, FRANCISCO RIBAS, GUILS, CERDANHA, CATALUNHA, 1988. VARANDA DE ACESSO, FACHADA NORDESTE, IMPLANTAÇÃO, PAVIMENTO TÉRREO

Chama a atenção nestas casas, ainda que não exatamente de modo cronológico, uma
experiência constante visível nas transformações de alguns desses pontos, como um
ir e vir no processo de desenho que não tem necessariamente uma única direção –
muito pelo contrário, pois trata de explorar os diferentes sentidos sobre um
mesmo elemento. Por exemplo, o protagonismo que foram assumindo as coberturas
em consonância com a paisagem da alta montanha, partindo de experimentos
de duas águas até finalmente converter-se numa quinta fachada.

Entre as atitudes iniciais que geram as plantas é evidente a busca de espaços
controlados, como o pátio, traduzindo uma tipologia comum à arquitetura
autóctone – porém, à diferença desta, não se constitui a partir da soma gradual
de volumes secundários ao seu redor, mas sim por meio de uma atitude intencional
e rigorosamente controlada. Aproxima-se, desta forma, da arquitetura popular
japonesa, foco de interesse já mencionado. Outro aspecto fundamental destes
pátios é a definição da hierarquia de usos, a partir dos próprios pátios e
dos volumes que conformam, estabelecendo o que corresponde às áreas íntimas,
sociais, de serviços etc. Assim, surgem tipos distintos de pátios: de serviços,
de luz, de acesso etc.

Ainda que tais plantas estejam conectadas por alguns gestos iniciais, é visível
a liberdade de transformação da forma eleita inicialmente. Mesmo que prevaleçam
basicamente as plantas em L e U, estas funcionam apenas como premissa, podendo
ser tensionadas, acrescidas e subtraídas, adaptando-se às necessidades específicas
e às condicionantes mais essenciais de cada caso.

Entre os aspectos mais particulares e que se evidenciam como preocupação constante,
podemos citar as vistas a partir do interior, que determinam significativamente
o posicionamento dos ambientes. Entretanto, a estas preocupações de caráter mais
programático se entrelaçam outras compositivas, como a altura de beirais e janelas,
rigorosamente alinhados aos 2,30 m, ou inclusive outras mais vinculadas à adaptação
das casas ao terreno, como jardineiras escalonadas, escadas e espaços exteriores
controlados, cobertos ou ao ar livre.

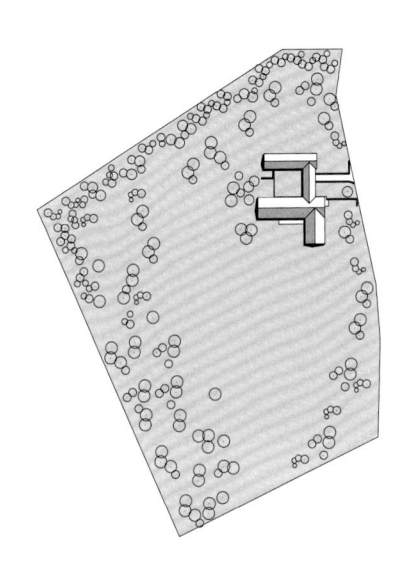

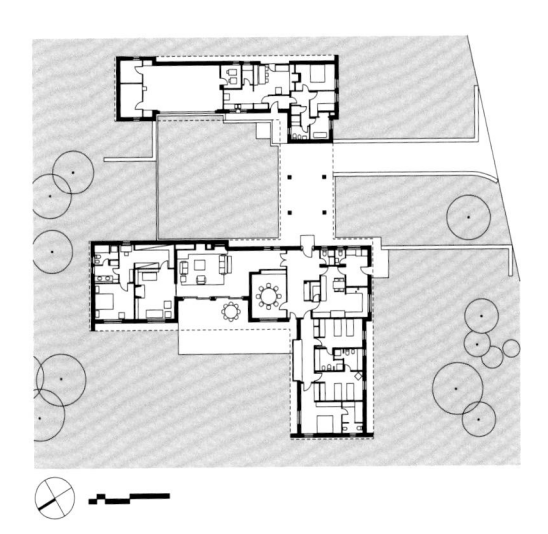

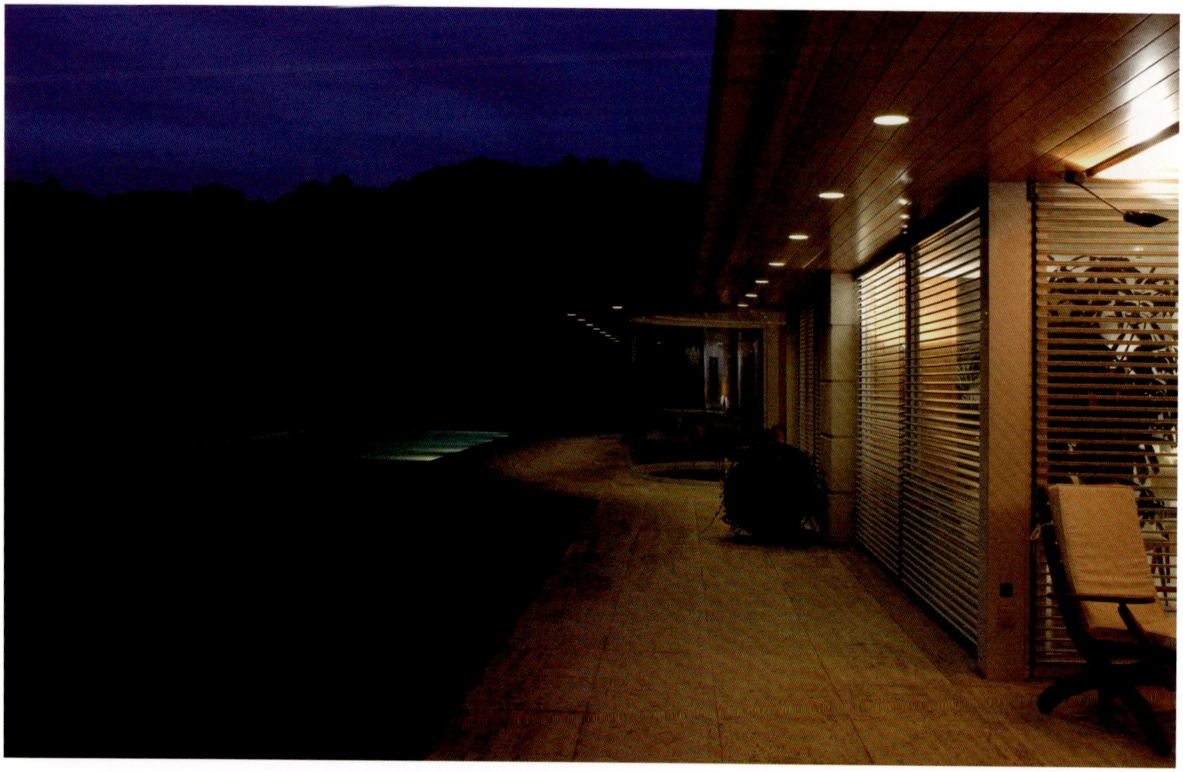

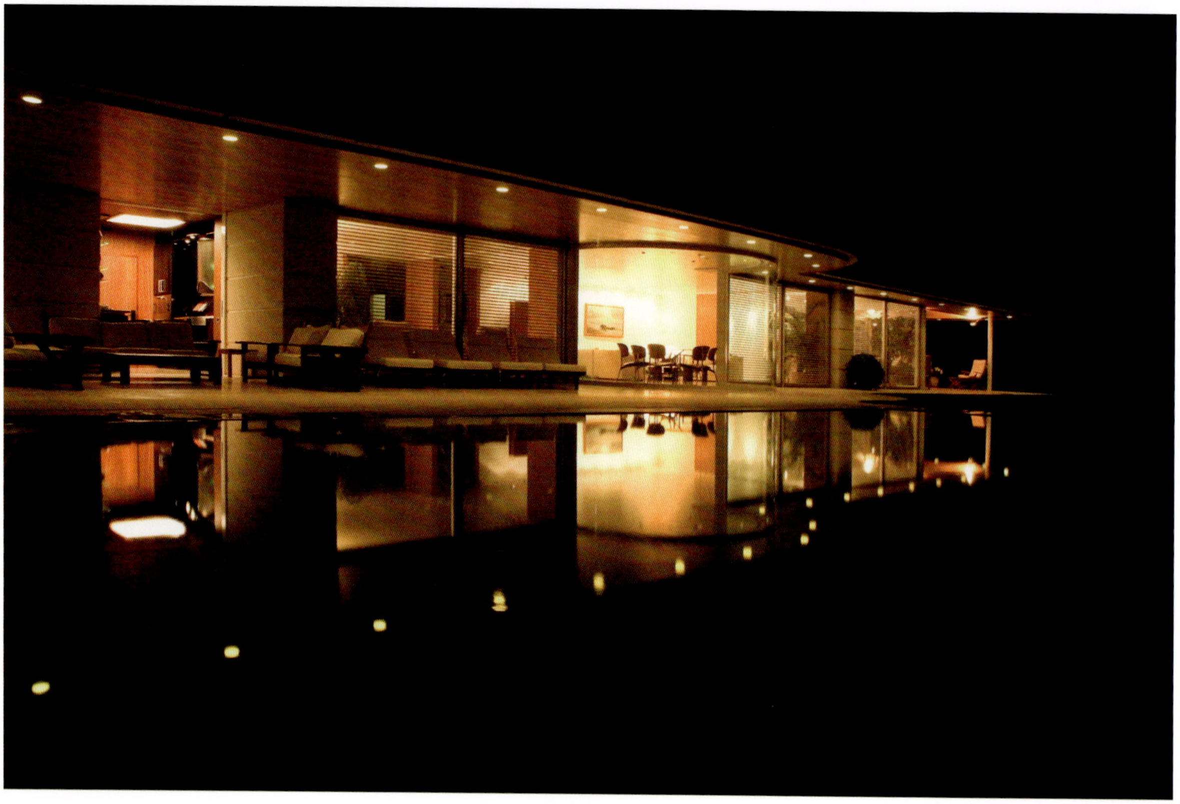

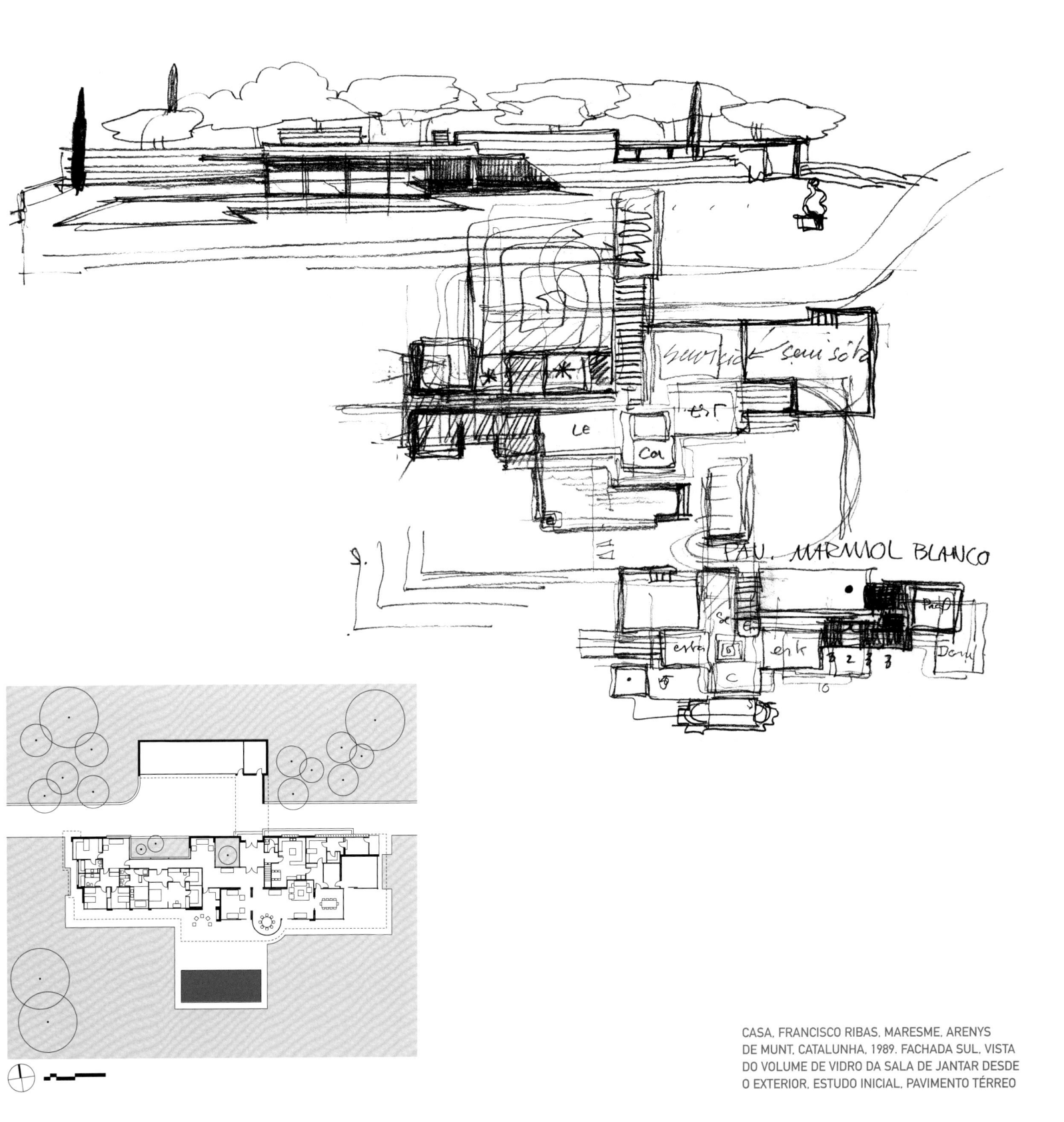

CASA, FRANCISCO RIBAS, MARESME, ARENYS DE MUNT, CATALUNHA, 1989. FACHADA SUL, VISTA DO VOLUME DE VIDRO DA SALA DE JANTAR DESDE O EXTERIOR, ESTUDO INICIAL, PAVIMENTO TÉRREO

CASA. RIBAS ARQUITECTOS, SAGA, CERDANHA, CATALUNHA. 1999. PERSPECTIVA DA FACHADA LESTE, VISTA DESDE SUDOESTE, PAVIMENTO TÉRREO, PERSPECTIVA AÉREA, VISTA DESDE SUDESTE, VARANDA FACHADA SUL, PISCINA INTERIOR, VARANDA DE ACESSO

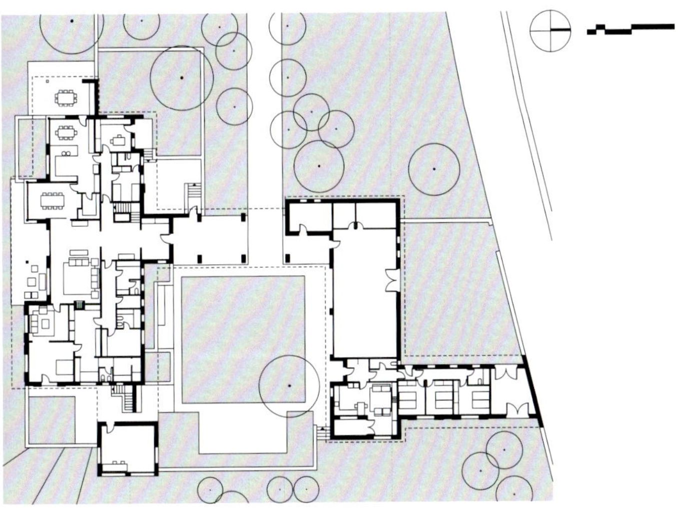
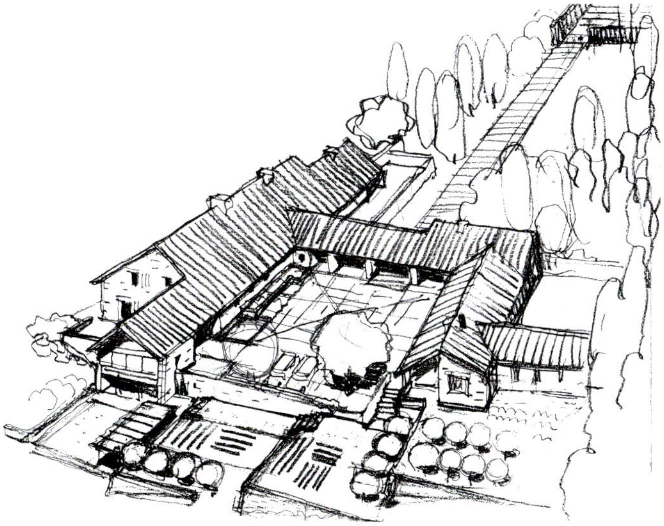
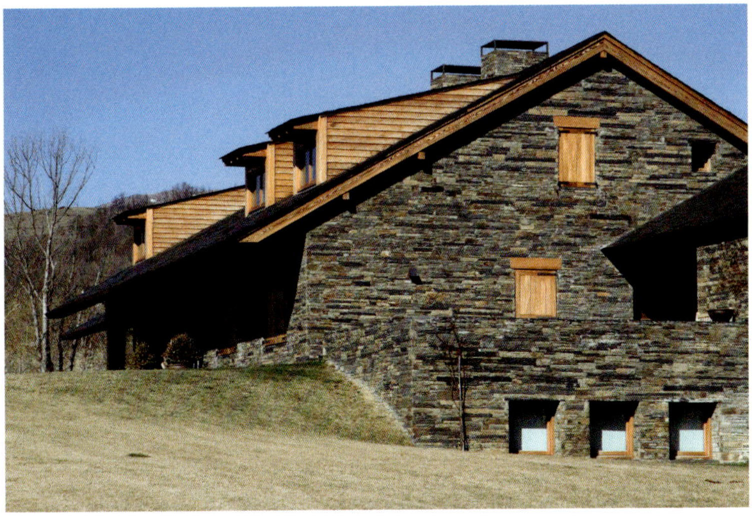
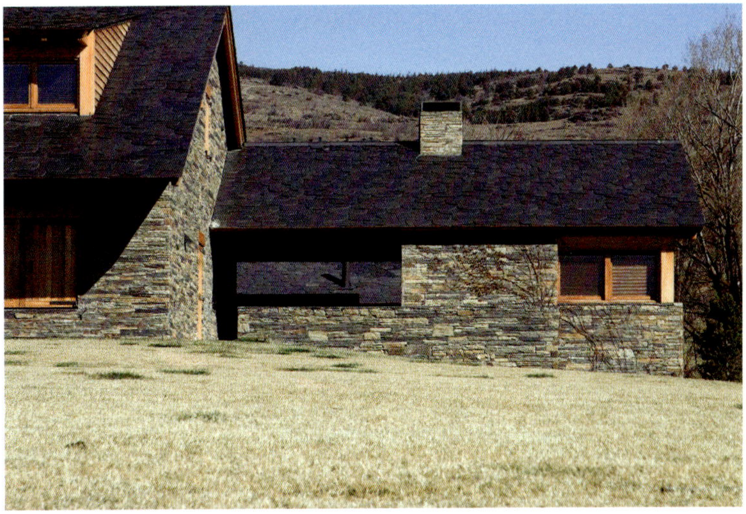
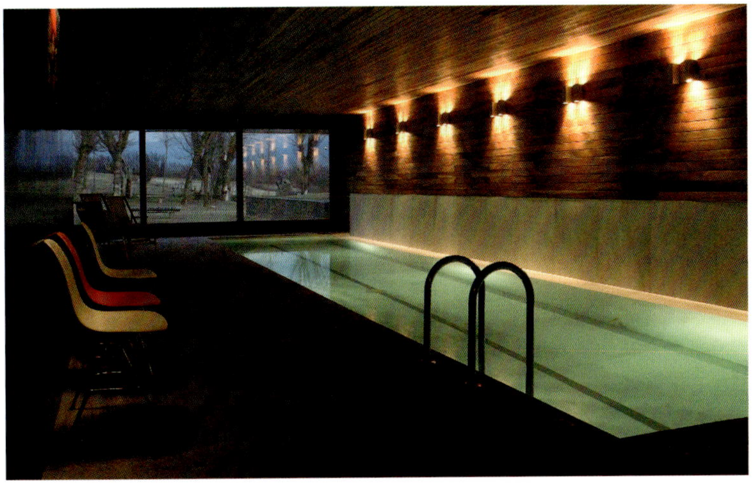
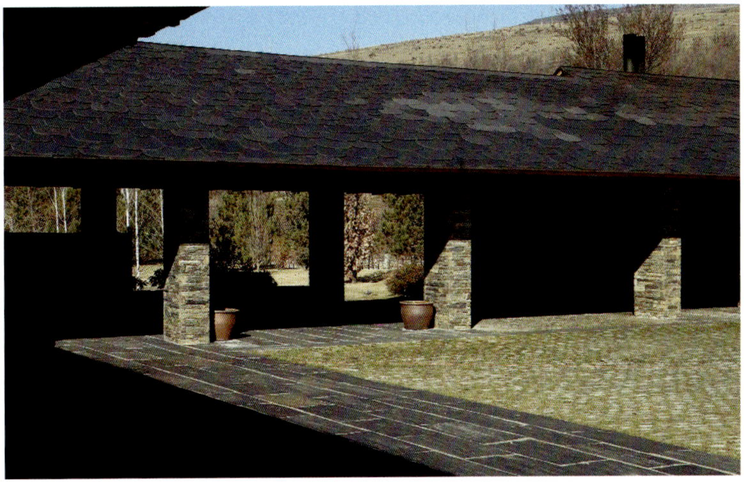

CASA. RIBAS ARQUITECTOS. SAGA. CERDANHA. CATALUNHA. 1999. ESCADA EXTERIOR, PÁTIO DE ACESSO

EDIFÍCIO DA MUTUA METALÚRGICA DE BARCELONA, RIBAS Y CIA ARQUITECTOS, CALLE PROVENZA, BARCELONA, 1968

Estas características se entrelaçam nas residências deste período, sendo mais nítidas em alguns casos que em outros, ainda que em termos gerais estejam presentes em todos. Uma destas casas, construída na costa norte da Catalunha, na cidade de Arenys de Munt, funciona como um bom exemplo, graças à sua cobertura plana e aos materiais distintos dos usados nas casas da montanha. Tais diferenças foram determinadas tanto pela flexibilidade da legislação quanto por questões climáticas e compositivas distintas das da alta montanha. Esses fatos condicionaram a eleição de uma estética evidentemente menos pitoresca, caracterizada por uma grande transparência, uma geometria clara e um caráter mais urbano. Entretanto, se mostra axiomática a busca pela horizontalidade e pela presença de pátios de luz e da marquise de acesso, assim como por uma articulação orgânica do programa – aspecto já muito marcado nos estudos iniciais. Essas soluções tipológicas, compositivas e programáticas, recorrentes nas residências dos anos 1960, 1970 e 1980, se estenderam às últimas décadas alcançando um controle técnico e executivo que possibilitou sofisticações construtivas. A coberta inclinada ventilada é um exemplo de solução praticamente invisível que aperfeiçoou o funcionamento destes projetos e conseqüentemente sua utilização.

A conjugação desses elementos, assim como suas conseqüências técnicas e estéticas, determinaram uma arquitetura e, sobretudo, um modo de pensá-la, em que o arquiteto assume um papel claramente definido. Ribas entende sua arquitetura como uma peça em um organismo mais amplo, seja na cidade ou em uma paisagem mais generosa como a da alta montanha. No programa residencial se condensam interesses confessos pela renovação da arquitetura espanhola, vinculando os experimentos modernos da primeira metade do século XX e a busca dos aspectos culturais autóctones mais essenciais.

EDIFÍCIOS INSTITUCIONAIS
Dois exemplos dessa tipologia podem ser considerados paradigmáticos na trajetória do escritório: a Mutua Metalúrgica, de 1968, e o edifício da Diputación de Barcelona, de 1985, este último com Federico Correa, Alfonso Milà e Javier Garrido. Nos dois edifícios se condensa a poética arquitetônica de Francisco Ribas e José Luis Cia ao se depararem com programas mais complexos e em contextos urbanos marcados por condicionantes particulares.

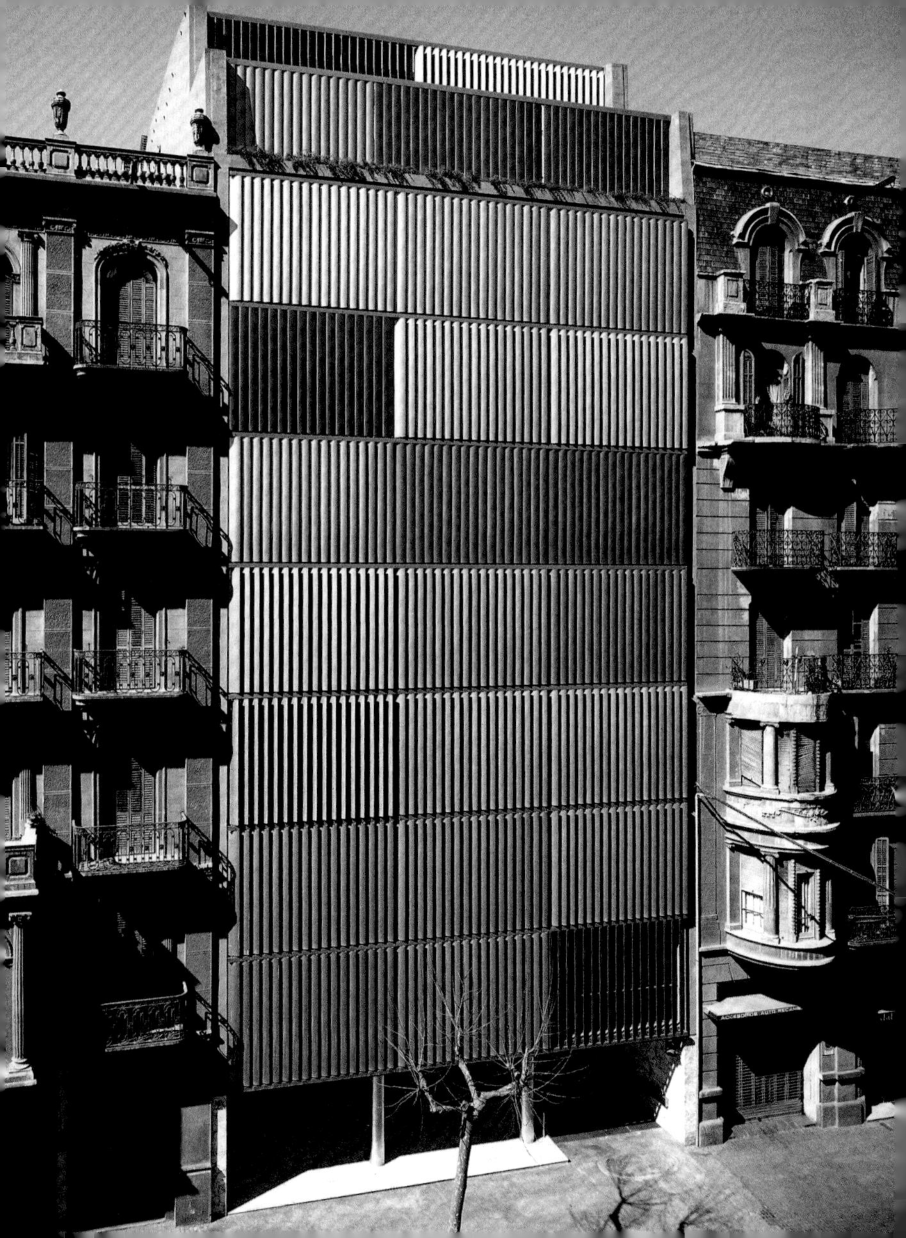

MUTUA METALÚRGICA DE BARCELONA.
BARCELONA. 1968. PISCINA INTERIOR

FRANCISCO RIBAS E FEDERICO CORREA COM
A MAQUETE DO EDIFÍCIO DA DIPUTACIÓN
DE BARCELONA. 1985

EDIFÍCIO PARA A SOCIEDAD FÉNIX LATINO.
RIBAS Y CIA ARQUITECTOS. BARCELONA. 1985.
PRIMEIRA PROPOSTA

O edifício para a Mutua está situado na Calle Provenza, acima da Avenida Diagonal, em um terreno relativamente estreito entre dois edifícios de apartamentos.
A proposta do Ribas y Cia foi criar, entre as duas fachadas contíguas, uma superfície neutra composta por um único material, uma pele de *brises-soleil* de alumínio ordenados e marcados pelas lajes que coincidem com as dos edifícios adjacentes. As únicas duas mudanças que sofrem o ritmo controlado desta superfície ocorrem na cobertura e na planta térrea, ambas recuadas em relação ao alinhamento do corpo principal – no primeiro caso, mantendo o edifício com a mesma altura dos demais, e no segundo, marcando o acesso. Determina-se assim uma tipologia tripartida: um embasamento sombreado, um prisma de um único material e um ático que se distingue na volumetria. O resultado é uma superfície com diversas tonalidades de cinza, marcada por um caráter plano em relação aos alçados contíguos.

A sociedade Fénix Latino encarregou o escritório Ribas y Cia do projeto de um edifício de escritórios – inicialmente para a Bolsa de Valores de Barcelona – em um terreno situado entre a Avenida Diagonal e a Calle Córsega, onde existia parte da Casa Serra, construída em 1903 para Pere Serra pelo arquiteto modernista Josep Puig i Cadalfalch. Por não estar catalogada como patrimônio arquitetônico, uma das possibilidades era sua demolição. Porém, José Luis Cia e Francisco Ribas propuseram a restauração e a reconstrução da parte existente – completando o edifício – e a construção de um novo que acumulasse todo o programa previsto. Com o apoio do arquiteto Ros de Ramis, chefe do Departamento de Patrimônio de Barcelona naquele momento, esta solução foi aceita pela Direção Geral de Arquitetura de Madri. Paralelamente, a prefeitura de Barcelona solicitou a adoção da mesma altura do edifício construído por Josep Maria Pericas em 1917 (na esquina da Avenida Diagonal com a Calle Córsega), segundo um estudo desenvolvido por Federico Correa y Alfonso Milà. Depois de iniciadas as obras para a Fénix Latino, o edifício foi comprado pela Diputación de Barcelona, momento em que se incorporaram à equipe os arquitetos Federico Correa, Alfonso Milà e Javier Garrido.

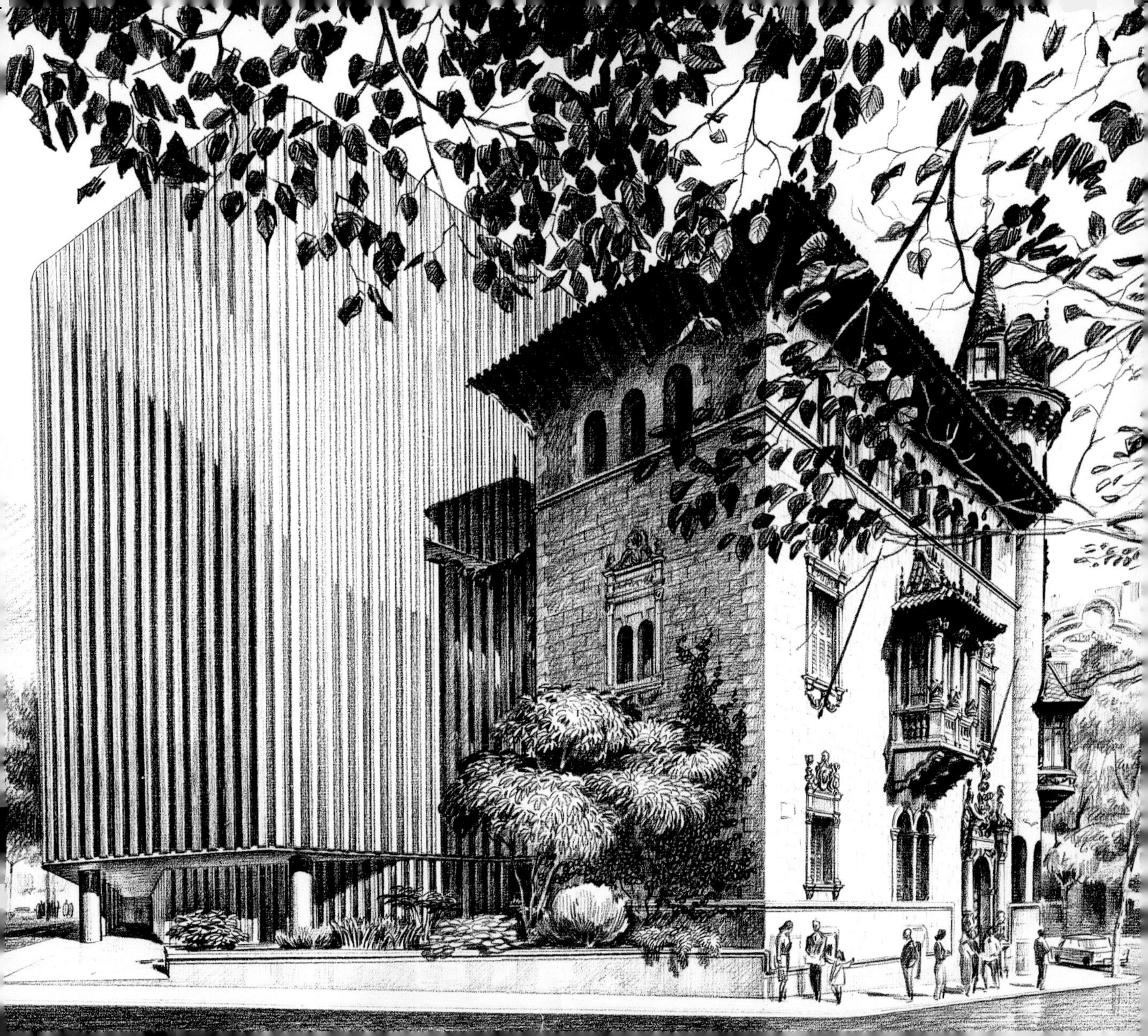

DIPUTACIÓN DE BARCELONA. RIBAS Y CIA ARQUITECTOS. BARCELONA, 1985. VISTA A PARTIR DA RUA CÓRSEGA ESQUINA COM RAMBLA CATALUNYA. VISTA A PARTIR DA AV. DIAGONAL ESQUINA COM RAMBLA CATALUNYA. ACESSO PRINCIPAL

O edifício da Diputación é significativamente mais expressivo que o construído para a Mutua, em grande medida pelos ângulos do lote irregular e pela inequívoca presença da Casa Serra. No projeto proposto, o protagonismo foi cedido ao edifício antigo, emoldurando-o por meio de uma espécie de pano de fundo formado pelo edifício novo, composto de estrutura metálica e vidros negros. Entretanto, sua expressividade não foi somente alcançada pelo contraste entre o novo e o antigo, mas também pelo diálogo proposto com seu entorno. Por este motivo, as esquinas adotaram formas arredondadas e sobressalentes, assim como no edifício construído em 1917 e situado na mesma quadra, ou na torre de escadas do edifício de Puig i Cadalfch.

A coexistência do novo e do antigo foi uma questão presente praticamente em toda a década de 1980 na cultura arquitetônica catalã. Nas páginas dos cadernos de arquitetura e urbanismo do COAC (*Quaderns d'Arquitectura i Urbanisme*) é evidente esta preocupação; contudo, nos guias de arquitetura de Barcelona constata-se que o projeto para a Diputación foi uma das primeiras obras de envergadura em que o diálogo entre um edifício preexistente e uma nova proposta se deu por contrastes. Como antecedente se destacou apenas a conversão da Casa Thomas (1885, arquiteto L. Domènech Montaner) em Museo de la Ciencia (1979) pelos arquitetos Jordi Garcés e Enric Sòria (Premio Nacional de Restauración – 1979).

Nos dois projetos – a Mutua e a Diputación –, apesar dos programas, escalas e localizações distintos entre si (e distintos sobretudo das casas unifamiliares nos arredores de Barcelona), observa-se uma atitude legitimada pela afirmação de uma arquitetura na qual se deve inevitavelmente considerar sua inserção numa paisagem específica, determinando um fio condutor que percorre toda a obra. Uma arquitetura desenvolvida pacientemente dentro do escritório, imersa no dia-a-dia e alheia a modismo, em que não cabe a genialidade nem o espetáculo, mas sim o labor, e em que cada solução é conseqüente de sua prova, de seu ajuste e de sua evolução.

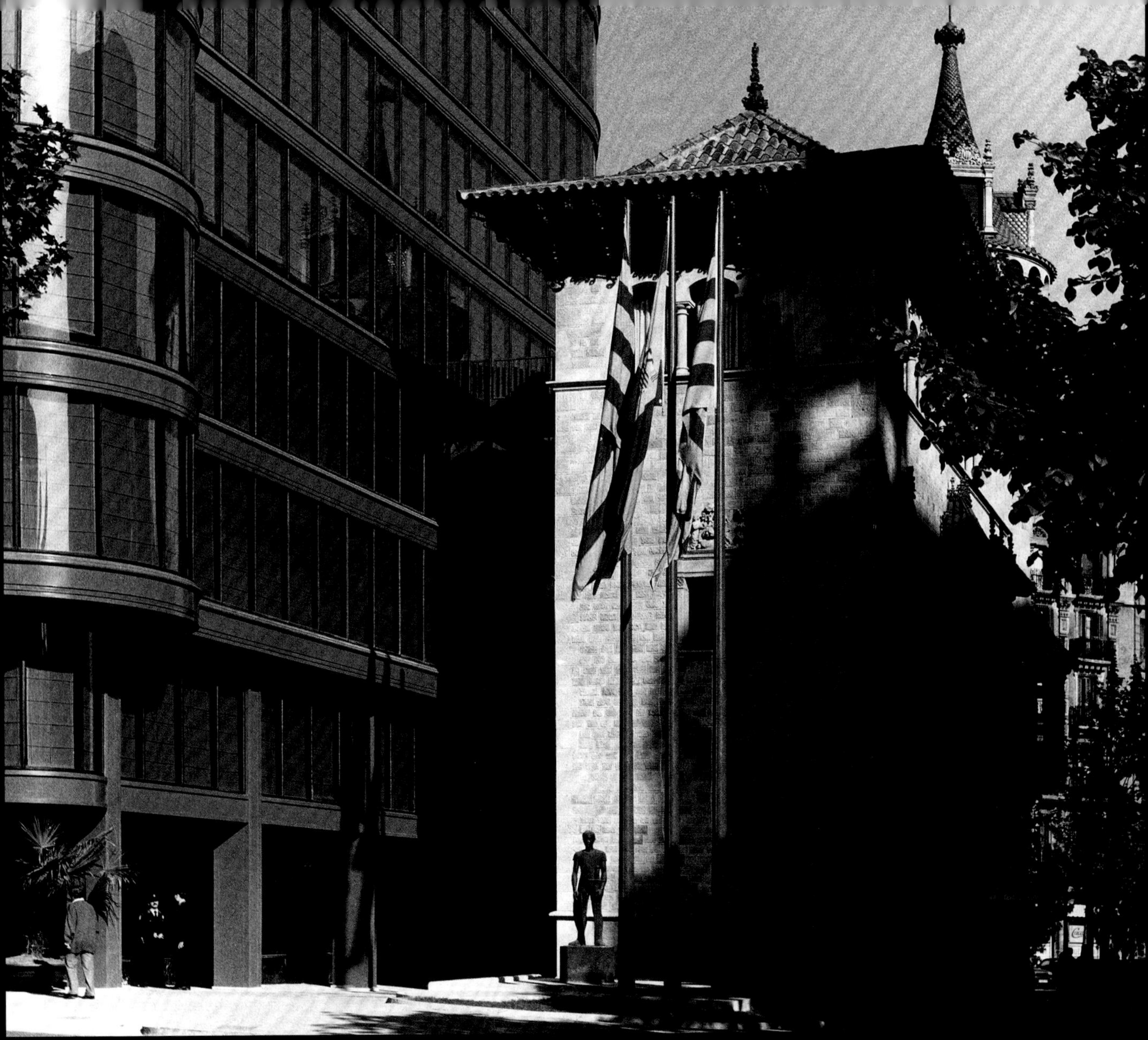

OUTROS PROGRAMAS

Dentro desse panorama de tipologias, o escritório teve também a possibilidade de experimentar com programas mais singulares, como a sede do periódico catalão *La Vanguardia* (1974) ou as clínicas de estética Planas (1970) e odontológica Carriere (1970), os três em Barcelona.

O primeiro, para o periódico *La Vanguardia*, ocupa dois edifícios, um preexistente e outro projetado pelo escritório. Situa-se na Calle Pelai, na divisa entre o Casco Antiguo de Barcelona e o Eixample. A idéia inicial propôs a modificação por completo da fachada preexistente. Na maquete é evidente a intenção de definir um novo e único edifício marcado pelo ritmo das janelas, mas no projeto realizado a proposta foi abandonada. Optou-se pela reabilitação do edifício antigo e a continuidade entre este e o novo através da interpretação de alguns dos seus esquemas decorativos – uma continuidade muito mais direta que a proposta inicial.

A Clinica Planas foi construída no bairro de Pedralbes, distinguido de outros de Barcelona por suas características de bairro-jardim. O edifício, marcado pela horizontalidade, se adapta intencionalmente ao terreno natural, produzindo plantas parcialmente enterradas onde a presença de pátios de luz foi fundamental. Como em nenhuma outra obra do escritório, incluindo as da montanha, as massas de vegetação propostas funcionam como elementos arquitetônicos, não somente compositivos, mas também de proteção solar e visual. Os volumes, as massas e as texturas criadas pela vegetação se contrapõem ao material predominante do edifício, o tijolo aparente – que conta com uma tradição construtiva legada do modernismo catalão[21], mas também está presente na arquitetura residencial de Arne Jacobsen[22] ou nas Prairies Houses de F. L. Wright. Estes são dois focos de interesse confessos que se manifestaram em outros projetos do escritório. No caso de Jacobsen, além do tipo de material, também se pronuncia por meio da volumetria a uma ou duas águas e pela utilização do pátio como tipo prevalecente. Em Wright, ainda que o tijolo à vista apareça em outros momentos de sua obra, suas Prairies Houses ditaram outros pontos importantes recorrentes no trabalho do Ribas y Cia: a busca pela horizontalidade, reforçada por forros e pelas alturas predominantes dos beirais, e a importância atribuída à vegetação.

EDIFÍCIO DO JORNAL LA VANGUARDIA, MAQUETE DA PROPOSTA INICIAL

EDIFÍCIO DO JORNAL LA VANGUARDIA, RIBAS Y CIA ARQUITECTOS, CALLE PELAI, BARCELONA, 1973.

CLINICA PLANAS, RIBAS Y CIA ARQUITECTOS, BARCELONA, 1970. ACESSO PRINCIPAL

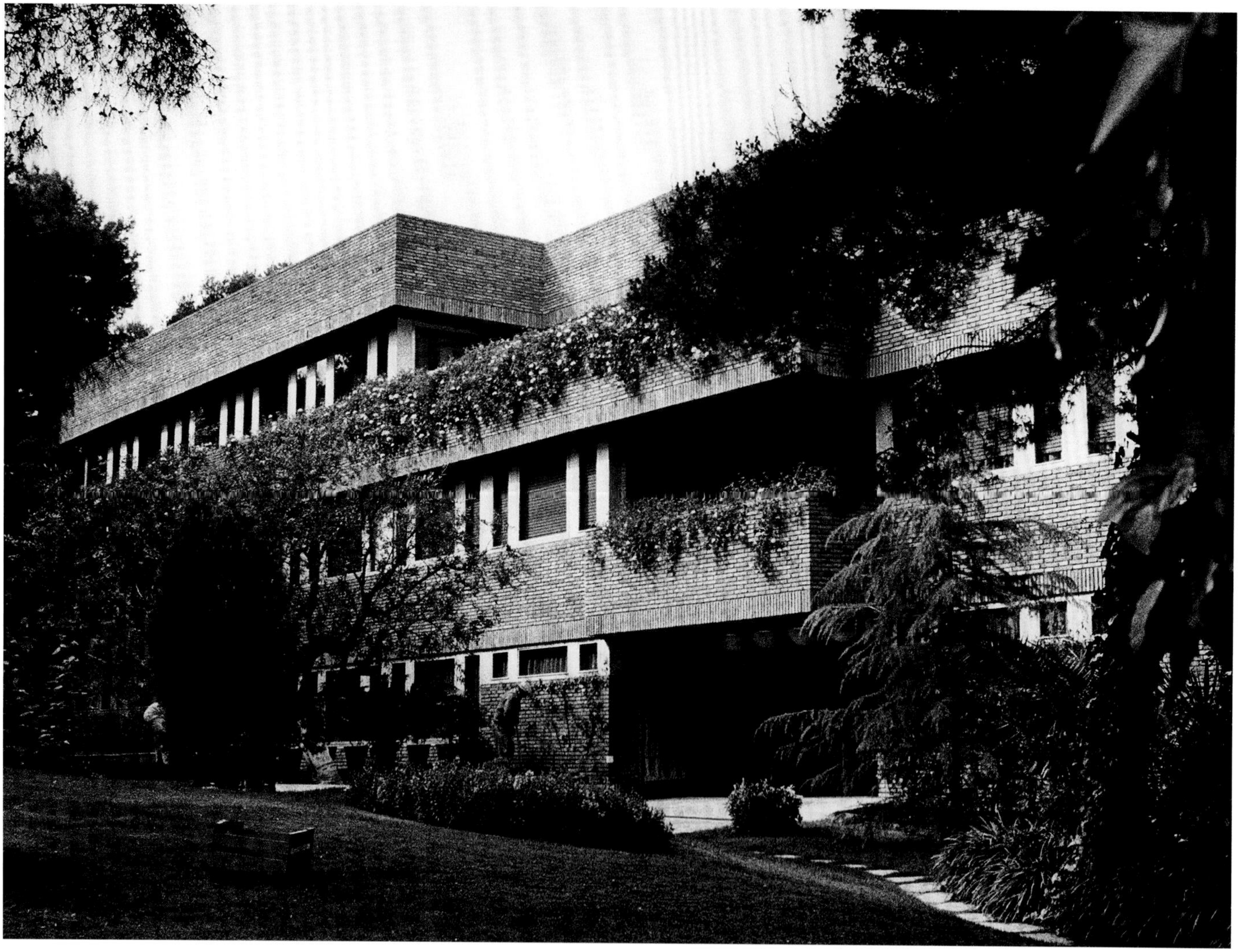

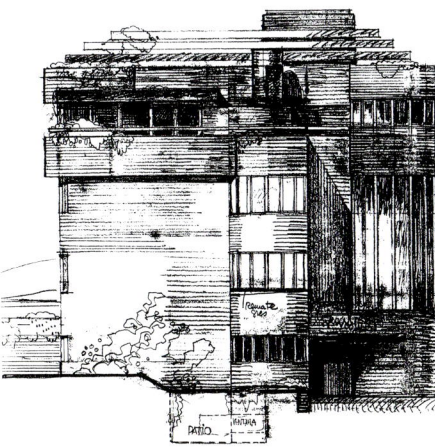

CLINICA PLANAS, RIBAS Y CIA ARQUITECTOS, BARCELONA, 1970. VISTA DA FACHADA PRINCIPAL DESDE SUL, PERSPECTIVA DO ACESSO PRINCIPAL, FACHADA SUDESTE, VISTA DESDE SUDESTE

Além do mais, assim como na Clinica Carriere, na Clinica Planas o tijolo à vista foi utilizado por suas vantagens de manutenção, em contraposição aos sistemas de fachadas ventiladas – ainda de escassa qualidade –, e por permitir, segundo Francisco Ribas, "un uso unitario (sin piedras artificiales ni estucos). El ladrillo manual era un elemento noble y había todavía buenos artesanos"[23].

Neste panorama, à diferença das experiências racionalistas elaboradas entre 1929 e 1939[24] em Barcelona, o tijolo à vista se transformou em material recorrente a partir da década de 1950, sobretudo por meio das obras de arquitetos como Oriol Bohigas, Josep M. Martorell, J. Antonio Coderch, Francesc Mitjans, Francesc Barba Corsini, Ricardo Bofill e Lluís Nadal.

A Clinica Planas serve como exemplo potente de uma das preocupações cardinais do escritório: adequar o edifício a seu entorno por intermédio de referências físicas e culturais – materiais, técnicas construtivas e tipologias de organização espacial –, sem cair em interpretações folclóricas, posicionando-se dessa forma em meio à discussão renovada sobre arquitetura moderna que se fazia presente na Espanha dos anos 1960, marcada pela tradução de aspectos regionais relevantes das arquiteturas autóctones.

Sobre estes aspectos, amplos e em muitos casos generalizáveis, são postos de manifesto algumas atitudes iniciais, elementos arquitetônicos, formas de organização

e eleições estéticas ou compositivas que evoluíram e se adequaram em cada caso: os pátios como espaços exteriores controlados ou como forma de iluminação natural, as janelas horizontais de esquina e alinhadas à altura de 2,30 m tocando as lajes, ou o número reduzido de materiais utilizados – quase uma regra dentro do escritório. Essas atitudes, ainda que constantes nas casas unifamiliares da alta montanha, foram transportadas e legitimadas em outros programas. Estes, pela especificidade de suas exigências, produziram a transformação de alguns desses aspectos e a inserção de outros, como as paredes curvas utilizadas nos volumes de circulação vertical da Clinica Planas, que funcionam como importantes elementos expressivos de projeto. Esta incorporação – e sua conseqüente adequação – foi possível na clínica graças às características naturais de seu entorno, revelando-se mais diretas que nos edifícios institucionais comentados, marcados por um caráter urbano.

A conexão entre programas distintos se destaca no projeto de um edifício de apartamentos em Collserola, outro bairro nos arredores de Barcelona marcado por um entorno natural generoso, semelhante à Clinica Planas pelo material, pela busca de horizontalidade, pela volumetria escalonada definidora de varandas e plantas distintas, pela forte conexão com o terreno e a presença dos pátios de luz escavados, e inclusive por buscar nos volumes curvos sobressalentes um foco de expressividade. Essas características sugerem que o entorno condicionou mais estas arquiteturas que seus programas: uma clínica e um edifício de apartamentos.

EDIFÍCIOS PLURIFAMILIARES

Entre os edifícios plurifamiliares chama a atenção o selecionado para o prêmio FAD de 1965. Trata-se de um conjunto de quatro edifícios situados num terreno irregular do bairro de Pedralbes, o mesmo onde foi construída a Clinica Planas. Os quatro edifícios, rigorosamente iguais, salvo pelas varandas sobressalentes do bloco mais destacado na implantação, escondem plantas totalmente distintas. Elas foram projetadas para famílias diferentes determinadas previamente, o que implicou, para alcançar fachadas iguais e a conseqüente unidade do conjunto, uma modulação precisa dos elementos estruturais, assim como dos compositivos – como as aberturas, por exemplo. O rigor e a precisão do desenho marcado por atitudes aparentemente compositivas ocultaram, em alguns

CLINICA PLANAS

RESIDENCIAL COLLSEROLA, COLLSEROLA, BARCELONA, 1972

CONJUNTO DE QUATRO EDIFÍCIOS PLURIFAMILIARES, RIBAS Y CIA ARQUITECTOS, BARCELONA, 1965

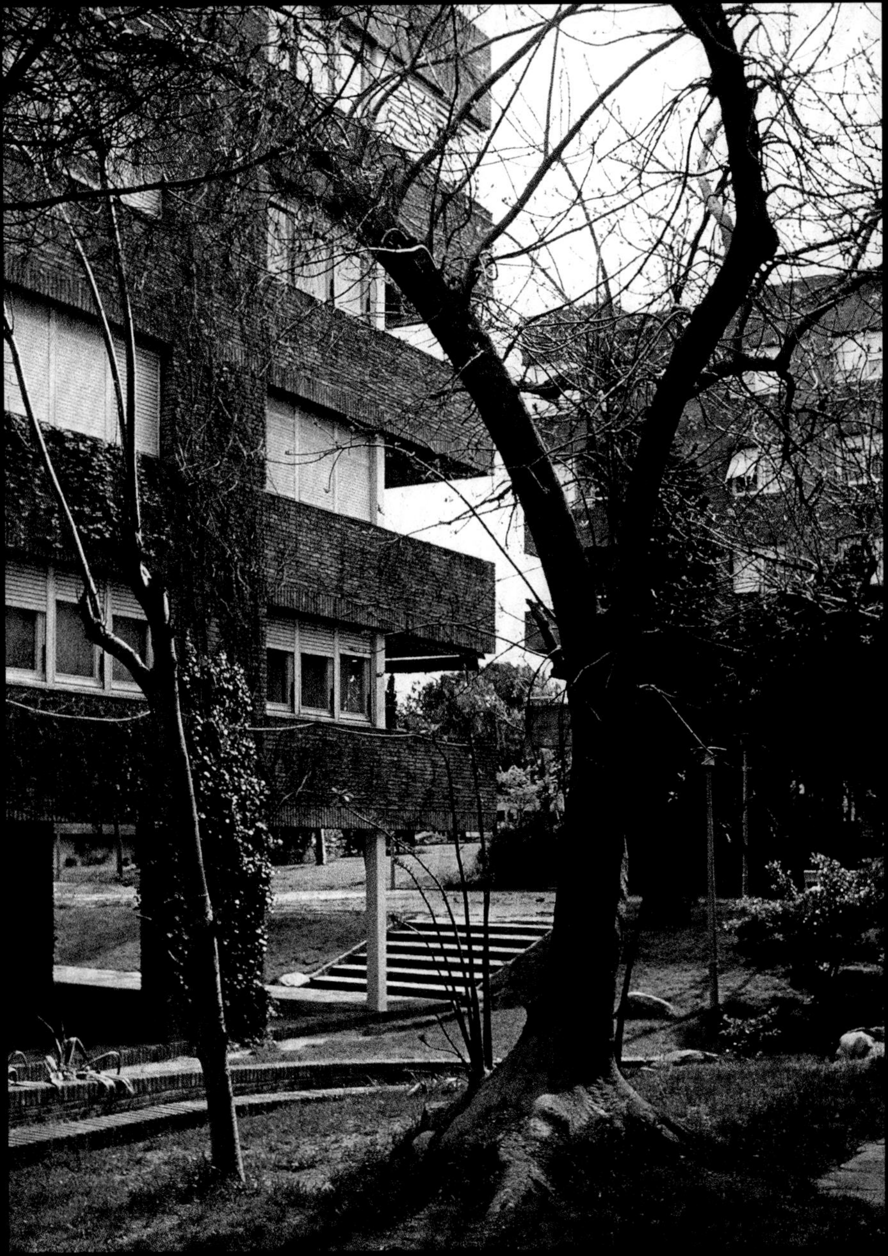

48

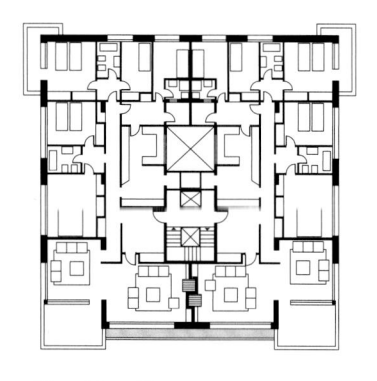

CONJUNTO DE QUATRO EDIFÍCIOS PLURIFAMILIARES, BARCELONA, 1965. PLANTA, VISTA DO CONJUNTO DESDE NORTE, VISTA DE UM DOS EDIFÍCIOS DESDE OESTE, IMPLANTAÇÃO GERAL, DETALHE DOS PILARES DE CANTO, ACESSO – GALERIA DE CIRCULAÇÃO

casos, soluções técnicas e construtivas. Tais atitudes e soluções, perceptíveis no projeto de Collserola e nas duas clínicas, aqui foram levadas ao extremo, devido à busca de unidade exterior em contraposição à diversidade das plantas dos apartamentos.

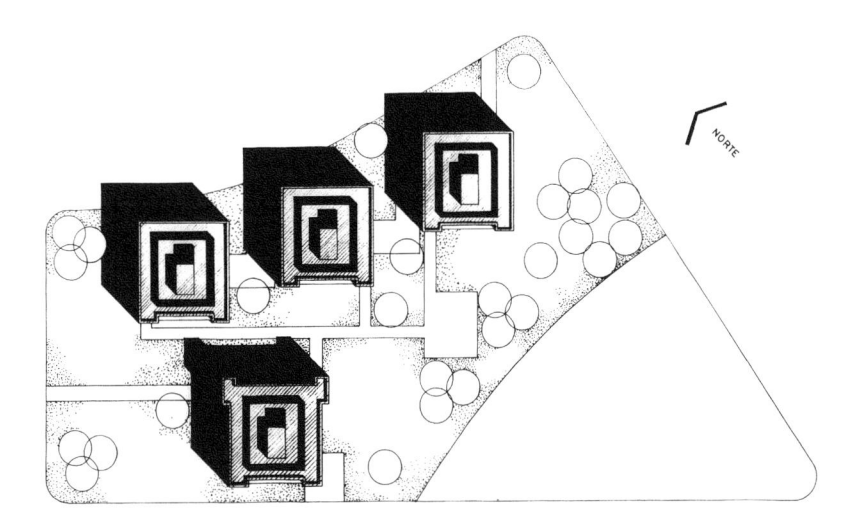

Os forros de madeira alinhados com as aberturas delimitam o espaço da serralheria sem interferir na composição e determinam, ao mesmo tempo, a continuidade entre o interior e o exterior das varandas. O pilar metálico do pavimento térreo, pintado de branco como as janelas e as persianas, se mantém em todos os pavimentos, marcando as esquinas e o início da modulação rigorosa de franjas horizontais presentes em todo o conjunto. Essas medidas abstratas se relacionam também com as franjas de alvenaria, permitindo a modulação das plantas e sua conseqüente variabilidade. Chama também a atenção o cuidadoso trabalho com os tijolos à vista, que marcam as linhas horizontais de lajes, vazios, janelas, varandas e persianas. Essa conjugação entre elegância compositiva e rigor técnico de sabor miesiano foi mantida como algo fundamental na obra do escritório a partir deste projeto.

Apesar da particularidade de sua implantação e de ser destinado a uma classe social diferente, o edifício de apartamentos projetado com Jaume Bach e Gabriel Mora em 1993[25] mantém estes parâmetros de rigor técnico e compositivo ao mesmo tempo. Nesta obra o volume se impõe à malha urbana, marcado por um único prisma curvo. Entretanto, o que chama a atenção aqui é a estratégia compositiva oposta à do

EDIFÍCIO PLURIFAMILIAR, ARQUITETOS FRANCISCO RIBAS, JAUME BACH E GABRIEL MORA, BARCELONA, 1993. VARANDAS NA FACHADA NORDESTE, DETALHE DA FACHADA NORDESTE, DETALHE DA FACHADA NORDESTE

EDIFÍCIO DA RUA MUNTANER, ARQUITETOS JOSEP LLUÍS SERT E SIXTE Y LLESCAS, BARCELONA, 1931. VARANDA

conjunto da Avenida Pedralbes, assim como à utilizada na Clinica Planas e no edifício de apartamentos em Collserola. Ao contrário destes projetos, a volumetria não foi constituída a partir do esvaziamento da massa, mas sim por meio de elementos metálicos mais leves e aplacados de madeira, que definem as varandas acopladas ao corpo principal revestido de tijolo. Essa opção se repetirá nos edifícios mais recentes e se aproxima de propostas presentes na arquitetura moderna dos anos 1930 na Catalunha, como no conhecido edifício de apartamentos de 1931 projetado por Josep Lluís Sert e Sixte Yllescas na Calle Muntaner de Barcelona.

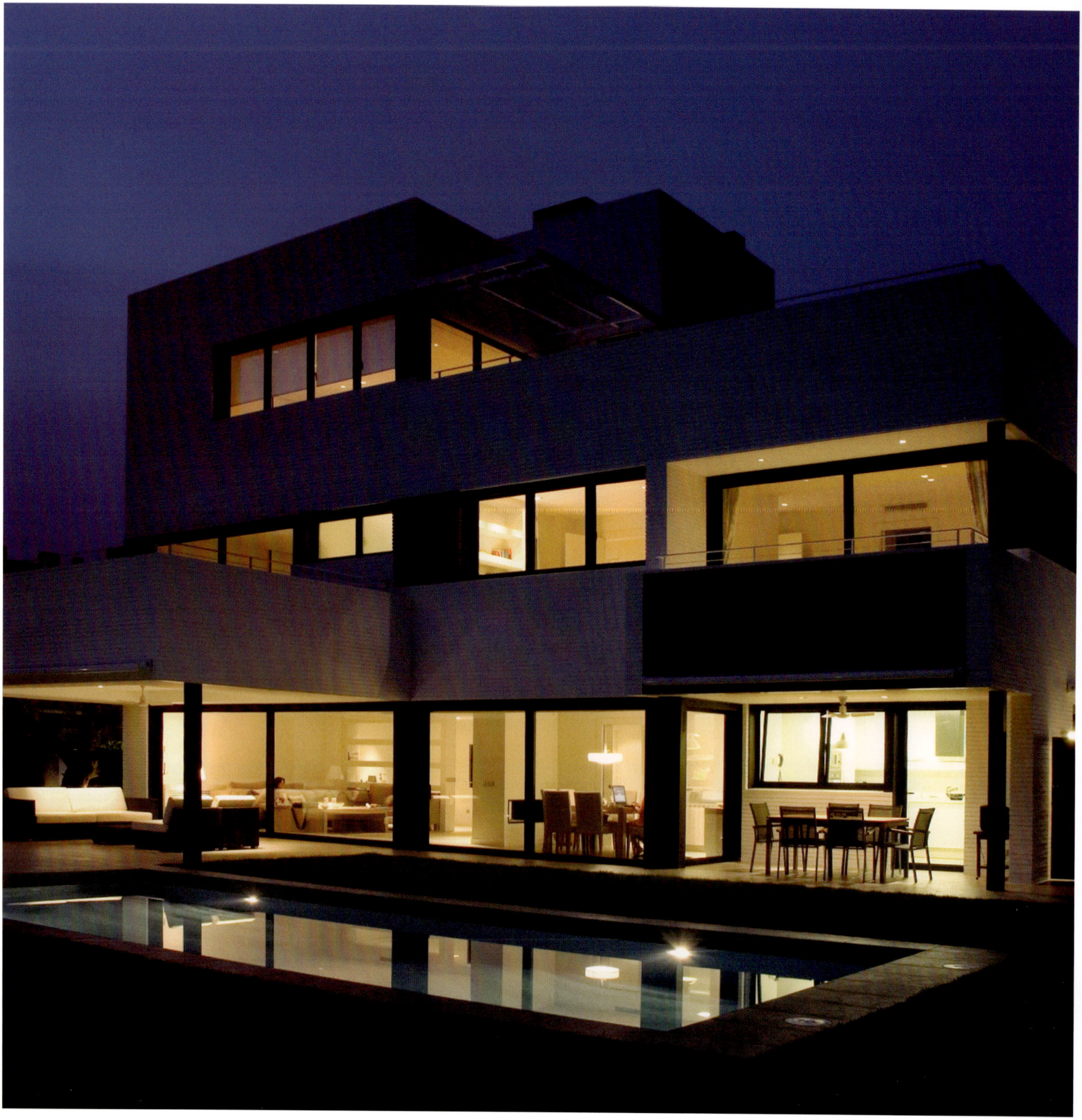

PARTE III 1995-2007

ESTAÇÃO DE MONOTRILHO E TELEFÉRICO. FRANCISCO RIBAS E JUAN OVEJERO MORILLA. EXPOSIÇÃO UNIVERSAL DE SEVILHA. 1992

PAVILHÃO NÃO CONSTRUÍDO. EXPOSIÇÃO UNIVERSAL DE SEVILHA. 1992. IMPLANTAÇÃO

Acabada a construção da Diputación de Barcelona e com o falecimento de José Luis Cia em 1985, o escritório enfrentou uma redução do número de trabalho e uma série de mudanças graduais refletidas nas obras a partir deste momento. Além disso, a cidade de Barcelona viveu uma grande expansão edilícia depois da entrada da Espanha na União Européia e com a aproximação das Olimpíadas de 1992.

Apesar dos numerosos investimentos públicos daqueles anos, o escritório continuou mais vinculado ao âmbito privado, à margem das obras do período pré-olímpico. Curiosamente, a única obra pública em que participou no período foi realizada fora da Catalunha, para a Exposição Universal de Sevilha em 1992: uma das portas de entrada e as estações de monotrilho e teleférico, com o arquiteto Juan Ovejero Morilla. Esta situação, aparentemente desfavorável – considerando a oportunidade de grandes obras e a publicidade que ofereciam as Olimpíadas aos arquitetos envolvidos em sua realização –, possibilitou afiançar e continuar uma arquitetura afastada de modismo, garantindo uma produção segura e correta apoiada na experiência anterior, ainda que alheia às outras possibilidades e inovações, em muitos casos valiosas, experimentadas durante aquele período.

Portanto, mais que mudanças supostamente determinadas pelo cenário arquitetônico espanhol, a transformação sutil e gradual da arquitetura do escritório no final dos anos 1980 e ao longo de toda a década de 1990 foi determinada por questões mais específicas do labor cotidiano. Foi conclusiva a incorporação de Damián Ribas Malagrida em 1995, filho de Francisco Ribas e recém-formado arquiteto pela Escuela Técnica Superior de Arquitectura de Barcelona.

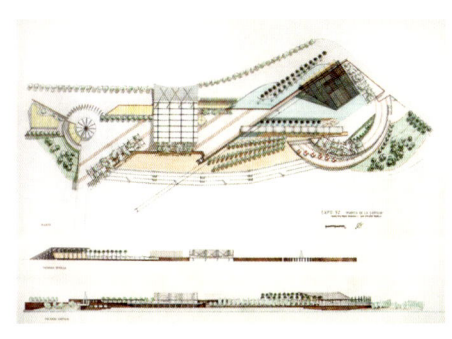

Certamente Damián Ribas compartilhava as posições arquitetônicas de Francisco Ribas, não exclusivamente pela convivência direta, mas também pelo entorno mais amplo em que foi educado, fato evidenciado por seu interesse pela arquitetura autóctone e pela cultura arquitetônica moderna catalã dos anos 1950 e 1960. Contudo, ao contrário do pai, Damián Ribas não participou como artífice, mas sim como um admirador distante temporalmente dos arquitetos com que seu pai conviveu e atuou. A estes dados de caráter mais pessoal devem-se somar outros dois: a inexperiência profissional de um recém-formado e o interesse natural por outras referências arquitetônicas. Mesmo quando compartilharam as mesmas fontes, como a arquitetura de Aalto, Asplund ou Jacobsen, o interesse manifestado por Damián Ribas não estava exclusivamente nos materiais ou aspectos formais e compositivos utilizados em consonância com aspectos culturais, mas também, como no caso de Jacobsen, no método de ordenação a partir de volumes independentes e conectados por elementos de circulação.

A esses argumentos deve-se acrescentar, a partir dos anos 1990, outras condicionantes que pressupõem a presença de projetos em diferentes contextos físicos e culturais, outros tipos de clientes e legislações distintas das que determinaram a obra residencial anterior – concentrada na alta montanha – e que implicaram transformações substanciais, apesar de terem mantido relação com os padrões compositivos e tipológicos anteriores.

No caso de Damián Ribas, essa conjugação de fatores determinou uma espécie de dilema pessoal entre a continuidade de um modo de fazer e pensar a arquitetura e a sua revitalização vinculada ao debate arquitetônico que surgiu com a Barcelona olímpica, quando ainda era estudante na universidade. Um conflito que, após 15 anos, se mostrou profícuo em ambas as direções: definiu e precisou uma arquitetura renovada, respaldada pela experiência projetual de 35 anos de obras, e que naquele momento, já distante de seu período embrionário, situava-se dentro da tradição arquitetônica catalã da segunda metade do século XX. Trata-se aqui de reivindicar a inserção do escritório neste panorama por meio de suas obras mais relevantes, confirmando seu compromisso com os alinhamentos essenciais da cultura arquitetônica da época.

OUTROS PROGRAMAS

As casas unifamiliares continuaram sendo o programa dominante do escritório ao longo dos anos 1980 e 1990, e no qual repercutiram com maior intensidade as soluções encontradas para o dilema argumentado anteriormente. Entre os outros programas que manifestam essas explorações, destacam-se a Casa Club do PGA Golf de Catalunya, projetada em 1998 e ampliada recentemente, o spa do Hotel Mas de Torrent, de 2007, e a reabilitação do edifício do século XVIII no bairro gótico de Barcelona, adequando-o ao Hotel San Feliu Neri, em 2003. Estes projetos revelam a capacidade do escritório de enfrentar distintos programas e condicionantes, que finalmente ajudaram a delimitar as soluções utilizadas nas casas unifamiliares destes anos.

A Casa Club, assim como o spa para o hotel, situa-se na região catalã do Baix Empordà, contígua a Costa Brava e de onde se contempla, como pano de fundo, os Pireneus catalães. Esta localização e suas características foram decisivas na redefinição de uma arquitetura – ainda em experimentação naquele momento – que evoluiu até as casas construídas ultimamente na mesma região. Uma nova definição que buscou condensar a localização entre a montanha e o mar em seus aspectos tipológicos, formais, compositivos e técnicos, pautada pela presença de clientes, legislações e condicionantes climáticas específicas e distintas da alta montanha.

Na Casa Club estes aspectos se manifestaram principalmente nos materiais eleitos – o reboco pintado, a madeira e a tela de barro árabe – e, sobretudo, na organização do programa, disposto a partir de volumes ortogonais em uma e duas águas sem beirais laterais, conectados entre si por lajes planas. Esta atitude prefigurou uma lógica na qual os espaços de permanência são marcados por coberturas inclinadas, enquanto os que possibilitam sua conexão, os destinados à circulação, com lajes planas. Entretanto, no PGA, por seu caráter ainda experimental, admitiram-se concessões, enquanto nas casas projetadas mais recentemente esta lógica, amadurecida, se converteu em premissa essencial.

HOTEL NERI, RIBAS ARQUITECTOS, BARCELONA, 2003. PLANTA TIPO, PAVIMENTO TÉRREO

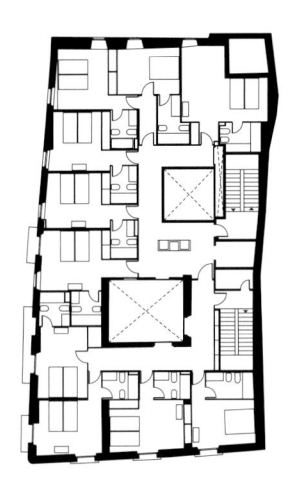

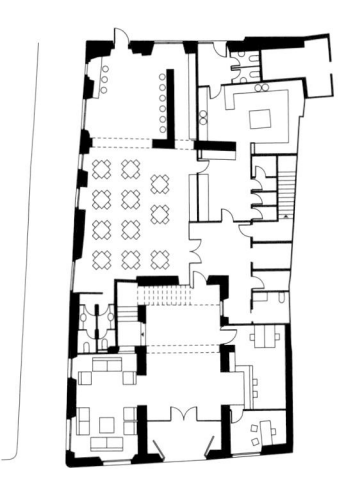

A ordenação dos volumes resultou, assim como nas casas da alta montanha, na criação de distintos tipos de pátios: de automóveis, de serviços, de luz, abertos, semi-abertos ou fechados por completo. Contudo, neste caso não foram resultado de uma forma prévia – como as plantas em L, U, H ou T –, e sim conseqüência da lógica exposta, que permitiu seu crescimento por meio de mais volumes e a extensão de sua conexões, adequando suas dimensões ao uso de cada parte do programa.

Em contrapartida, a estratégia utilizada no spa, terminado em 2007, foi distinta. Aqui são dois volumes a quatro águas, postos em cotas distintas do terreno e conectados por meio de um volume prismático revestido de madeira, que desvela, graças à sua forma e seu material, distintos dos demais, a função de circulação vertical.

Chama a atenção neste projeto o rigor compositivo das fachadas que recordam, mais que em outros casos, o edifício de apartamentos construído na Avenida de Pedralbes; destaca-se pela utilização de materiais locais, marcando o conjunto pelo paradoxo estabelecido com o uso de materiais tradicionais controlados pelo rigor do desenho.

Os dois projetos, apesar de se materializarem de forma distinta – um mais compacto e a quatro águas, o outro disperso no terreno e em volumes a uma e a duas águas conectados por lajes planas –, estão marcados por estratégias compositivas presentes em medidas e proporções reguladoras que se repetem desde os anos 1960. Estas características formam parte do que agora já se pode definir, sem nenhuma conotação historicista, como um *estilo*.

EDIFÍCIOS INSTITUCIONAIS

Na primeira metade dos anos 1990, o escritório recebeu o encargo de dois importantes projetos de caráter institucional, que vivificaram uma nova etapa de impulso e acentuação do volume de trabalho. Ambos os projetos se prolongaram graças a sucessivas ampliações até 2006. Tratam-se do edifício de escritórios do Real Automóvil Club de Catalunya – RACC (1996 – 2007), na zona universitária de Barcelona, realizado em conjunto com Enric Batlle e Joan Roig[26]; e de uma série de intervenções no Circuito de Catalunya (autódromo da Catalunha), iniciadas em 1990 com a torre de controle e o edifício para os boxes.

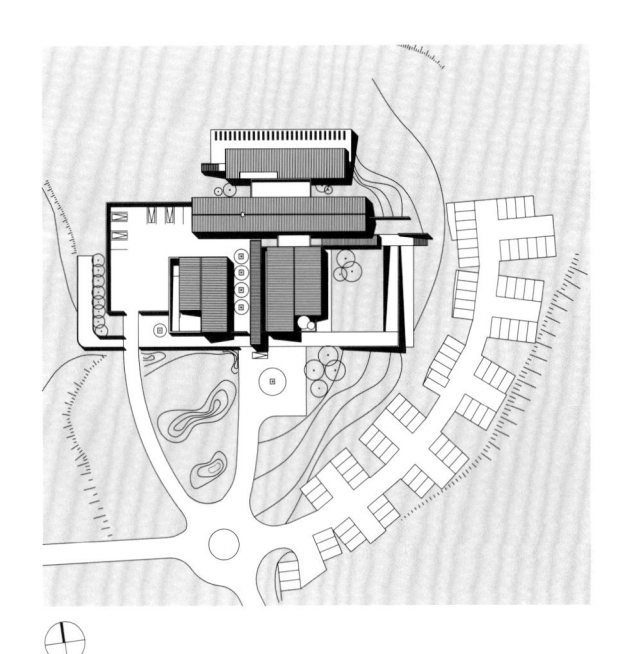

CASA CLUB DO PGA GOLF DE CATALUNYA, RIBAS ARQUITECTOS, MALAVELLA, BAIX EMPORDÀ, CATALUNHA, 1998

CASA CLUB DO PGA GOLF DE CATALUNYA (AMPLIAÇÃO, 2006-2007). IMPLANTAÇÃO, FACHADA SUL, FACHADA NORTE, FACHADA LESTE

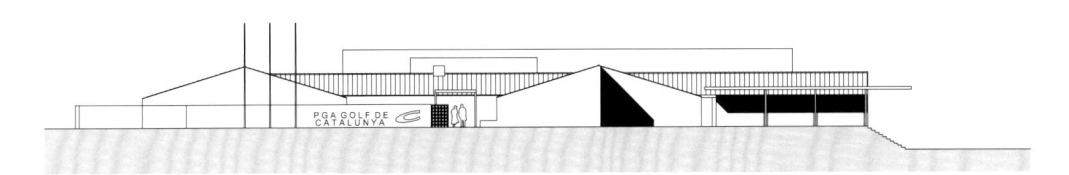

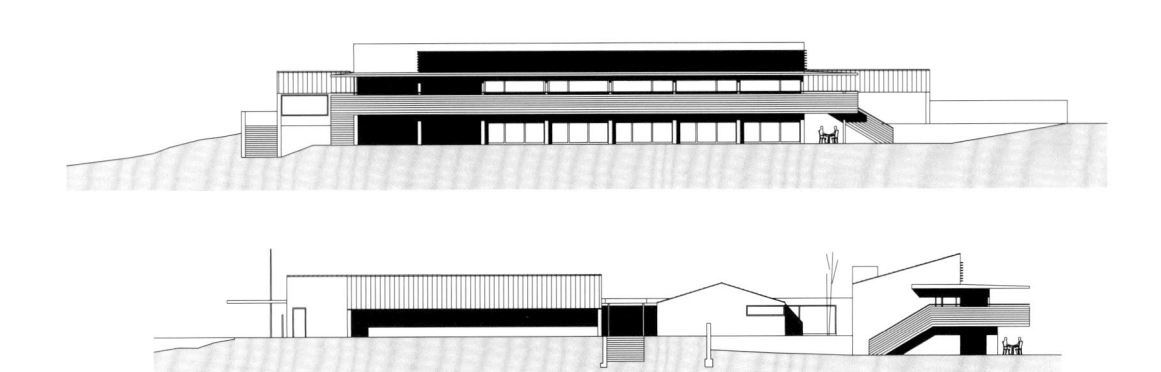

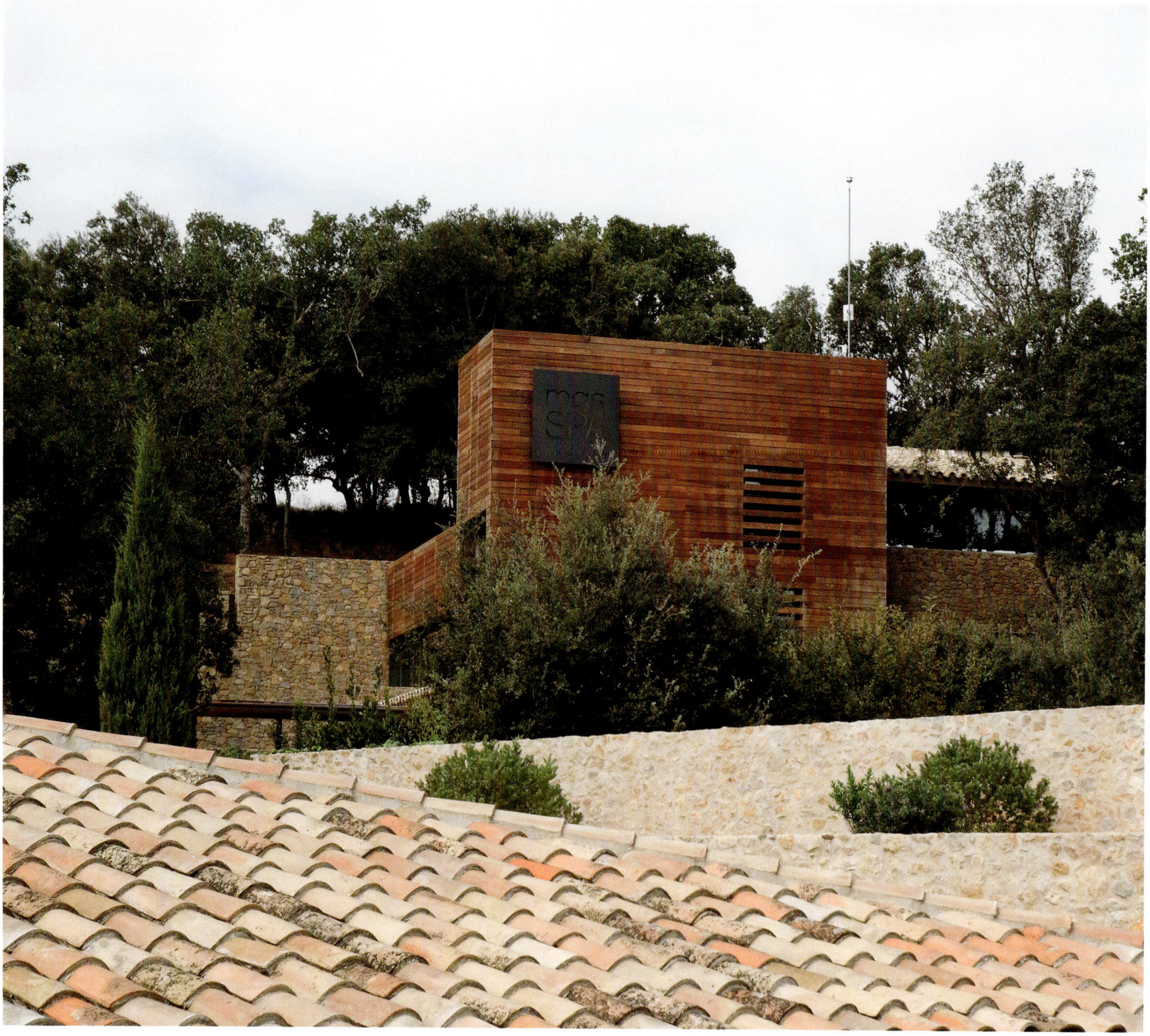

Enquanto estes projetos se realizavam, a produção do escritório se manteve vinculada ao tipo de cliente habitual, a maioria do âmbito privado, garantido por sua trajetória e pela dinâmica de contatos pessoais que implica tal tipo de cliente. Neste panorama, o edifício do RACC possibilitou ao escritório um importante empuxo publicitário por meio das publicações em duas importantes revistas especializadas: *Quaderns d'Arquitectura i Urbanisme*, Barcelona, n. 221, 1998; e *Architécti*, n. 37, Lisboa, maio/jul. 1997.

O RACC se situa em uma parcela de esquina entre a Avenida Diagonal e a Avenida d'Albert Bastardas, ponto onde uma das mais importantes avenidas da cidade – a Diagonal – se converte em rodovia. A primeira parte do projeto, construída entre 1994 e 1996, foi ampliada entre 2005 e 2007 na direção da Avenida d'Albert Bastardas. O conjunto, em função da morfologia da parcela e de seu declive natural a partir da Avenida Diagonal, é constituído por um largo edifício de volumes articulados que se adequam ao terreno. A estratégia fundamental foi a criação de um embasamento de concreto branco, visível na medida em que a cota natural do terreno baixa. Os corpos articulados que surgem a partir deste embasamento foram revestidos por peles de vidro nas áreas dos escritórios e placas de alumínio horizontais nos ambientes destinados a serviços, circulações verticais etc.

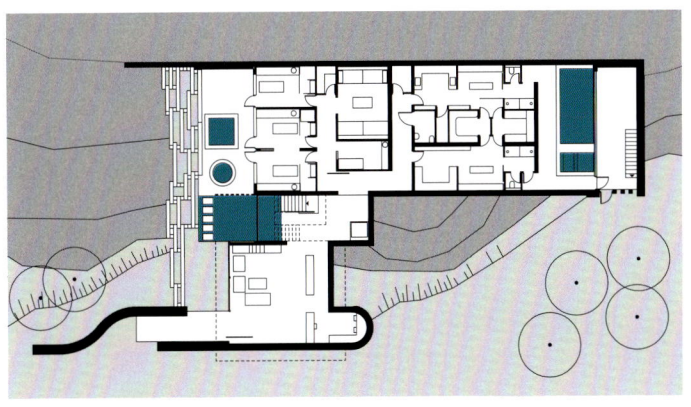

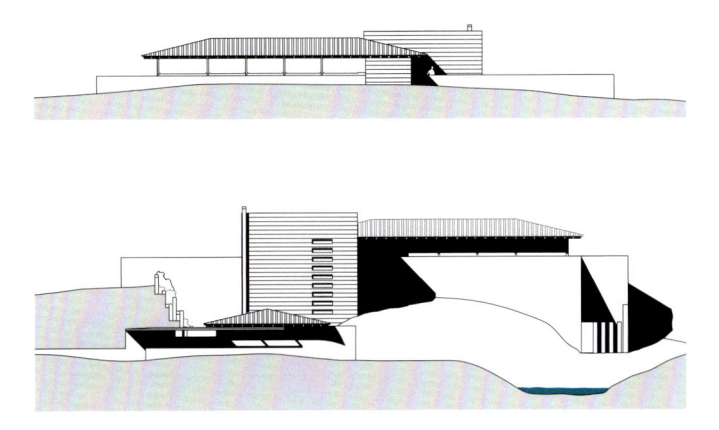

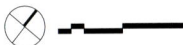

SPA DO HOTEL MAS DE TORRENT. RIBAS ARQUITECTOS, TORRENT, BAIX EMPORDÀ. CATALUNHA, 2007. VISTA DESDE SUL, PAVIMENTO TÉRREO, FACHADA NOROESTE, FACHADA SUDESTE

SPA DO HOTEL MAS DE TORRENT. VISTA DA
FACHADA SUDESTE, PISCINA INTERIOR, VISTA DO
ACESSO DESDE SUL, PÁTIO SUDOESTE

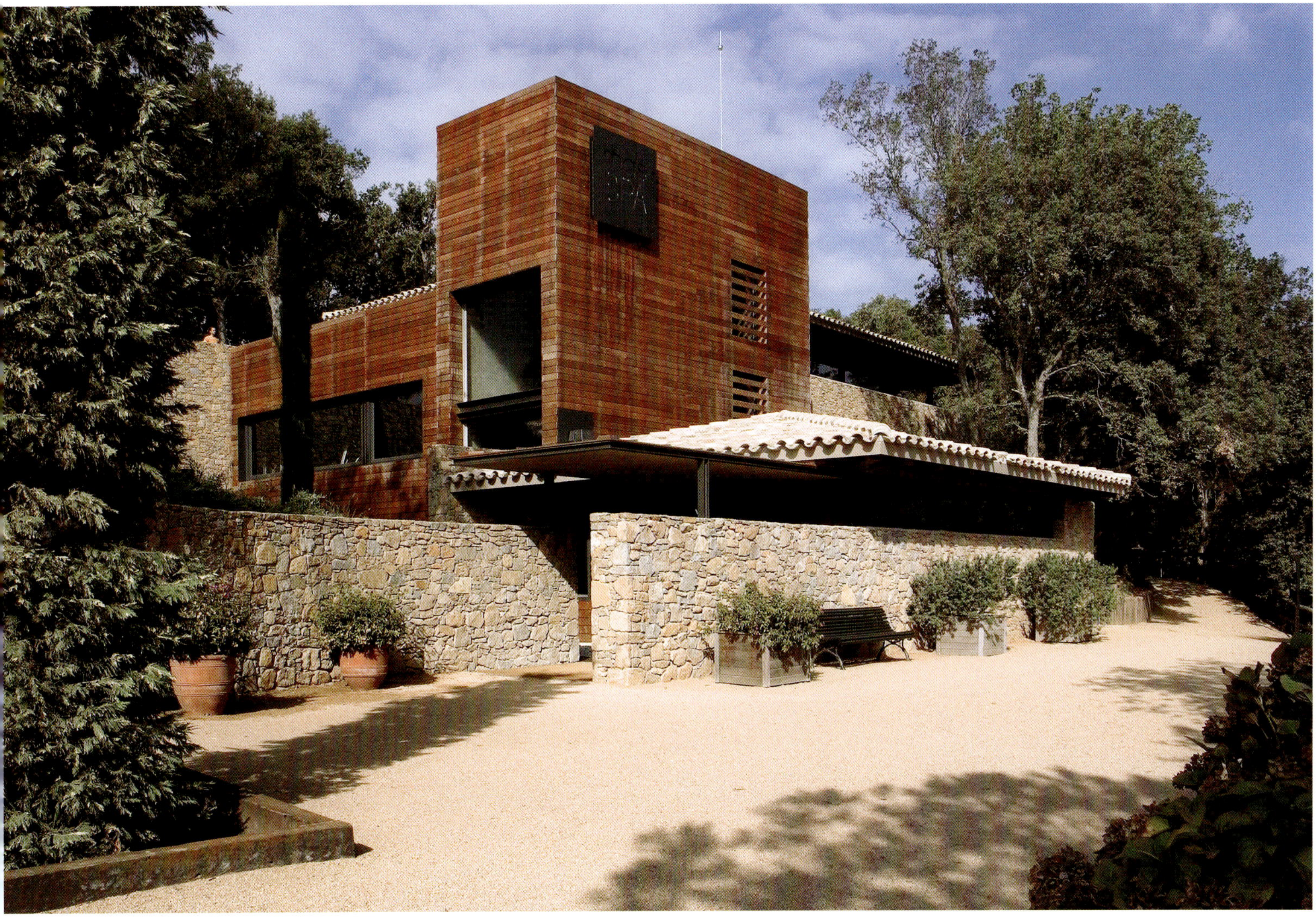

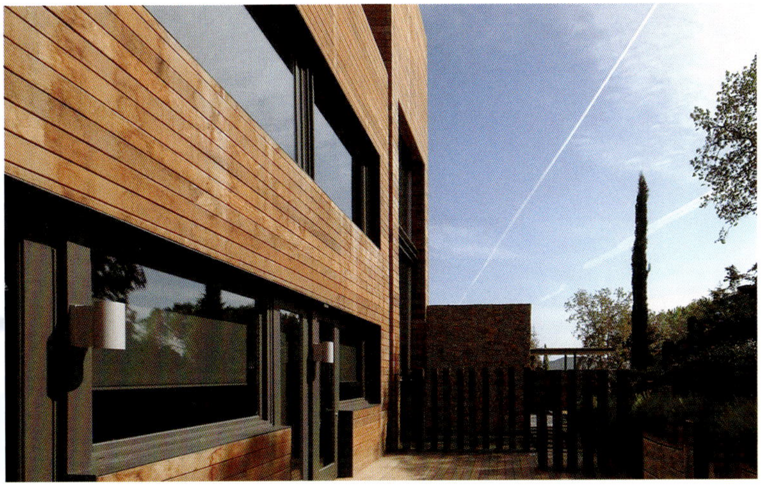

Com exceção do concreto branco, os materiais industriais foram escolhidos em consonância com o mundo automobilístico ao qual pertence a instituição. Parte importante da expressividade do conjunto foi outorgada à antena posta sobre o volume situado na cota mais alta, hoje suprimida. Segundo a publicação da revista *Architécti*:

"As imagens dos veículos metalizados da nova geração, das velhas torres de controle dos circuitos, dos grandes conjuntos industriais ou das coberturas dos primeiros postos de gasolina foram utilizadas nas explicações para o longo processo para conseguir concluir o edifício, restando talvez algo delas no resultado final" [27].

Apesar do programa e dos materiais inusuais dentro da trajetória do escritório, a estratégia de articulação utilizada e a complexa volumetria resultante configuraram uma série de pátios longitudinais que iluminam as plantas enterradas e definem tanto os espaços verdes controlados como o rigor e o controle no desenho dos alçados, manifestado nos alinhamentos compositivos e nos encaixes entre os três principais materiais. Estas atitudes remontam às utilizadas em outros programas e escalas.

Provavelmente o conjunto de intervenções no Circuito de Catalunya é a obra de maior envergadura do escritório, ocupando parte importante dos últimos 17 anos de sua atividade. Estes projetos se destacam do conjunto das obras do escritório por seu caráter espetacular; tal qualidade, como se pôde constatar, nunca foi um objetivo dos arquitetos. Talvez o único projeto passível de ser qualificado com o mesmo adjetivo seja o elaborado para a Exposição Internacional de Sevilha, legitimado pelo caráter efêmero próprio de uma feira.

No recinto do autódromo, isolado da malha urbana tal como um recinto destinado a feiras, seu uso esporádico e a demanda por publicidade justificaram um atitude similar à da Expo. Porém, neste caso, o caráter espetacular alcançado recaiu na expressividade dos materiais utilizados e na redução ao mínimo dos gestos projetuais, definindo a partir da forma utilizada na tribuna principal o *leitmotiv* que permanecerá na busca de uma unidade em todo o conjunto. Estes aspectos,

EDIFÍCIO DO RACC – REAL AUTOMÓVIL CLUB DE CATALUNYA, FRANCISCO RIBAS, ENRIC BATLLE E JOAN ROIG, BARCELONA, 1996-2006 (AMPLIAÇÃO). VISTA DO EDIFÍCIO DE OFICINAS DESDE A AV. D'ALBERT BASTARDAS E PÁTIO NA FACHADA DA AV. D'ALBERT BASTARDAS

finalmente, o distanciam do projeto de Sevilha, mais marcado por um caráter experimental e pouco conectado com a obra anterior do escritório.

A construção que adquiriu aspecto mais espetacular foi a arquibancada da reta final, que determinou a forma e os materiais constantes em toda a obra. Projetada em conjunto com o arquiteto Juan Ovejero e o escritório alemão de engenharia Tilke, foi construída diante dos dois primeiros, realizados no recinto do autódromo pelo escritório: os boxes e a torre de controle. A arquibancada se converteu na peça chave do conjunto devido à sua função, localização e dimensão. A forma curva construída com estrutura metálica e chapas de alumínio se apóia em uma estrutura de concreto e em parte da arquibancada preexistente. A busca de protagonismo na paisagem é evidente, mas foi também resultado de uma solução racional na qual uma única peça resolve a função de cobertura e solo. Tal decisão determinou ao longo da obra uma série de opções para que se mantivesse sua integridade conceitual. Como exemplo, a captação de água necessária no momento em que deixa de atuar como cobertura e penetra dentro do corpo do edifício como pavimento exigiu soluções e correções a cada passo da obra.

Em um sentido oposto à idéia de unidade, porém reforçando e até ampliando o caráter mediático e experimental percebido nestes projetos, chama a atenção a proposta para a nova torre de controle contígua à construída em 1990. Essa atitude somente seria aceitável dentro da obra do escritório nas condições particulares que o contexto oferecia: um recinto isolado da malha urbana ou de regiões tão caracterizadas como a alta montanha e a costa.

CONCURSOS
Na esteira destes projetos caracterizados por maiores escalas e por programas mais diversificados, são ressaltados alguns concursos desenvolvidos na última década. Tais projetos destacam-se das demais obras pelo caráter de exceção: em termos gerais, são marcados por um desenvolvimento experimental, afiançado por suas dimensões e complexidade. Entre eles, pode-se citar: a sede dos escritórios e dos laboratórios Esteve, em Sant Cugat de Valles, Catalunha (2003); o Centro Escolar Mühlehloz II, em Vaduz, Liechtenstein (2001); e o Laboratorio CEFER, em Barcelona (2006-2007).

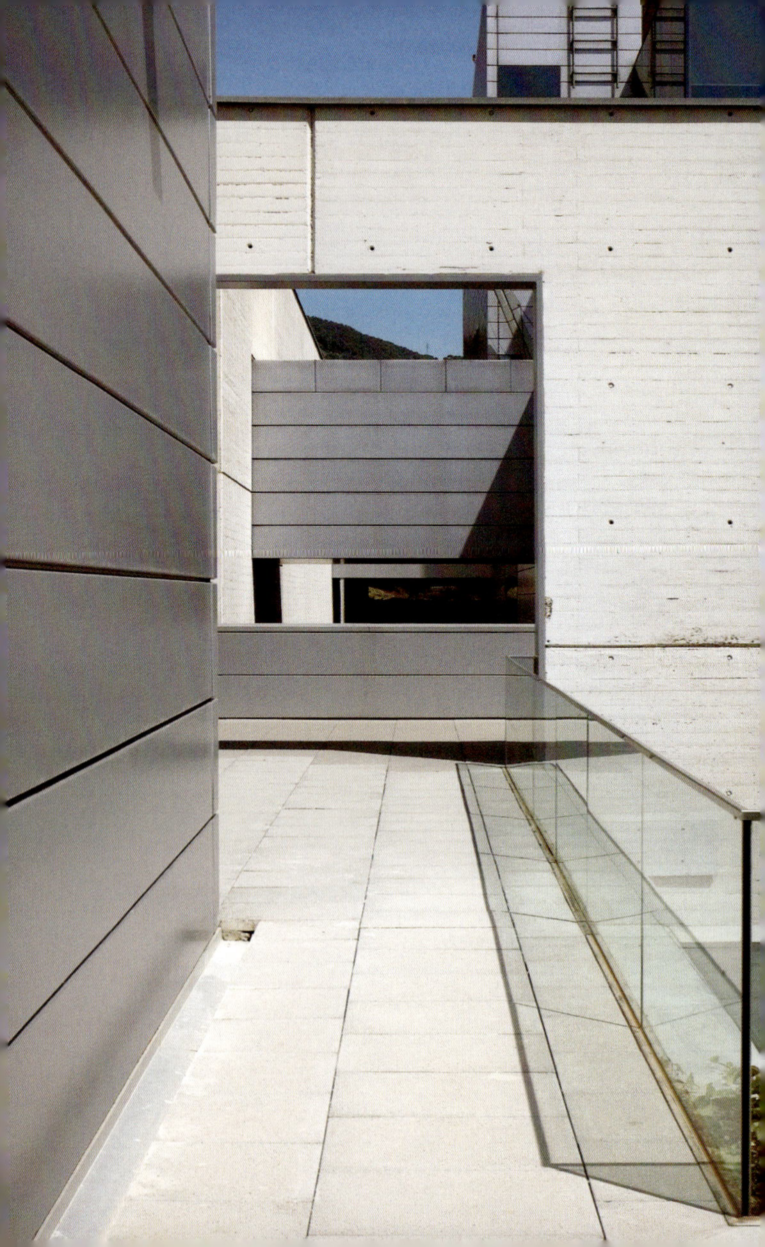

EDIFÍCIO DO RACC. COBERTURA, PÁTIO INTERIOR, COBERTURA, VISTA DA COBERTURA DESDE A AMPLIAÇÃO

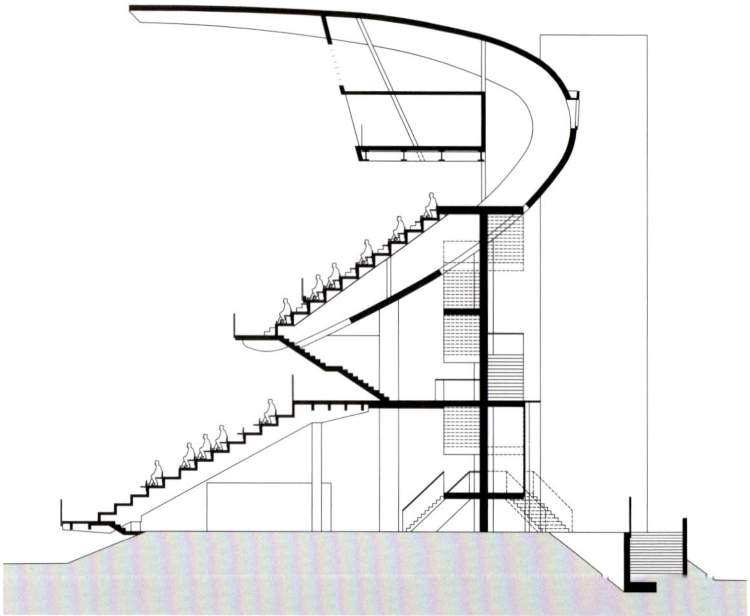

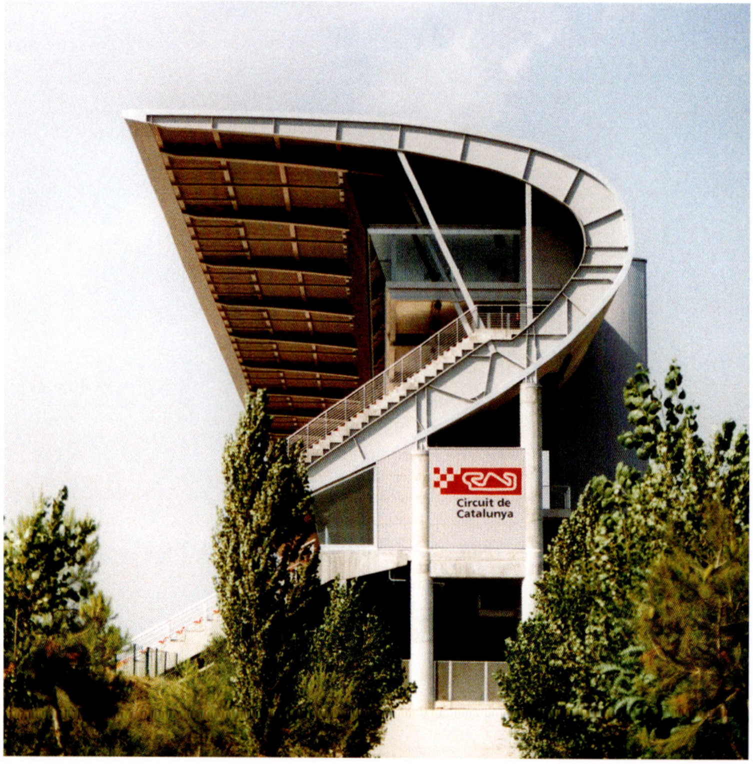
Circuit de
Catalunya

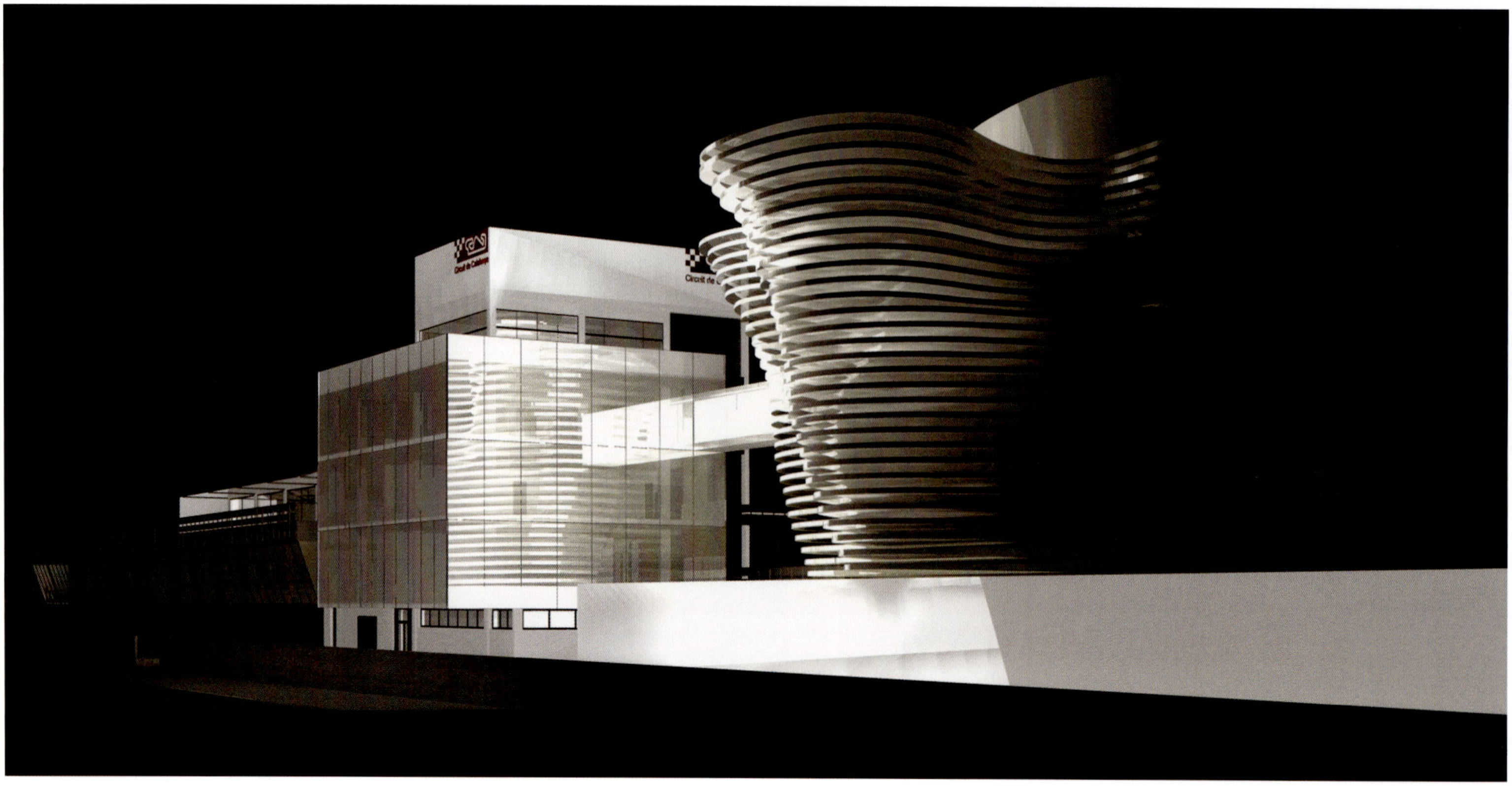

CIRCUITO DE CATALUNYA. FRANCISCO RIBAS, DAMIÁN RIBAS, JUAN OVEJERO E TILKE ENGENHARIA (TRIBUNA), BARCELONA. 1996-2007. CORTE E FACHADA LATERAL DA TRIBUNA DA RETA FINAL (2002), PERSPECTIVA DIGITAL DA NOVA TORRE DE CONTROLE (2007), TRIBUNA DA RETA FINAL (2002), PRIMEIRO PROJETO DA TORRE DE CONTROLE, ÁREA DOS BOXES (1996)

LABORATORIOS ESTEVE (CONCURSO), RIBAS ARQUITECTOS, SANT CUGAT DE VALLES, CATALUNHA, 2003. FACHADA PRINCIPAL

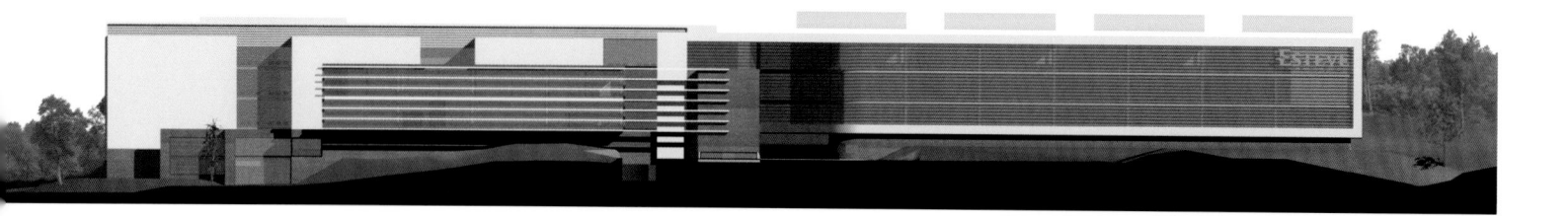

EDIFÍCIOS PLURIFAMILIARES

Entre 1995 e 2007 foi construída uma quantidade importante de edifícios de apartamentos que manifestam mudanças de atitude neste tipo de programa. Pode-se considerar como um ponto de inflexão o edifício de 1993 construído na Calle Joan Güell, já comentado anteriormente. Não por sua forma, atípica no conjunto da obra dos Ribas, mas pela evidência de uma nova estratégia compositiva, sobretudo quando se considera a que fora explorada nos quatro edifícios da Avenida de Pedralbes de 1965 ou nos dois construídos na Plaza Eguilaz em 1990, também em Barcelona. Em ambos os conjuntos a volumetria foi determinada pelo esvaziamento de suas massas, que definiu o vazio das varandas e as sombras geradas.

Ainda que se mantenha o mesmo rigor compositivo entre vazios e cheios, pelo menos em outros quatro edifícios construídos na cidade de Barcelona depois de 1990 a volumetria foi resolvida com estratégias distintas – portanto não pelo esvaziamento da massa principal, mas por meio de elementos acoplados a ela: perfis metálicos, placas de madeira e peças de concreto, que definem superfícies com distintos ritmos e desenhos de sombras utilizados quase como linhas, que revelam um procedimento mais gráfico que volumétrico.

Como exceções destacam-se outros dois edifícios com estratégias compositivas simetricamente opostas, nos quais voltam a pesar os aspectos volumétricos. São eles a pequena Casa Cubo e o projeto ainda em curso para o edifício de uso misto na zona em processo de reurbanização na cidade de Barcelona de Pere IV.

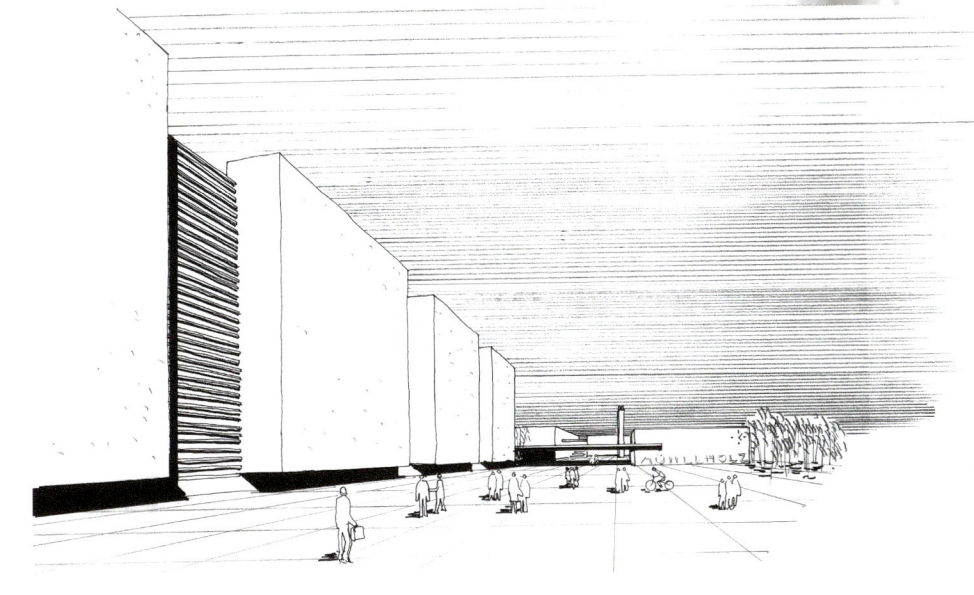

CENTRO ESCOLAR MÜHLEHLOZ II (CONCURSO),
DAMIÁN RIBAS, VICENTE TOMAS E ANGEL
SANCHEZ-CANTALEJO, VADUZ, LIECHTENSTEIN.
2001

DOIS EDIFÍCIOS PLURIFAMILIARES, FRANCISCO
RIBAS E BENITO MIRÓ, PLAZA EGUILAZ,
BARCELONA, 1990

A Casa Cubo é um prisma retangular onde não existem concessões. Foi construída em 2002 no bairro de Sarriá em uma parcela contígua a um edifício neoclássico. Em contraposição a este, optou-se por uma volumetria rigorosa, que reflete sua planta. O caráter totalmente prismático foi corroborado pelo alinhamento das esquadrias no exterior: os únicos dois elementos sobressalentes do conjunto são uma diminuta laje sobre as janelas horizontais e um delicado guarda-corpo metálico preso no exterior. Os dois elementos foram utilizados como recurso para marcar uma suposta horizontalidade, apesar do aspecto cúbico do edifício.

O projeto para o edifício na zona de Pere IV é notoriamente maior em escala. O conjunto, proposto entre a confluência de três ruas numa parcela triangular e longitudinal, partiu de uma imensa massa vinculada à forma do lote, a partir da qual se esvaziaram grandes volumes. A solução leva ao extremo a estratégia explicada anteriormente, inclusive reforçando-a por meio do uso dos materiais: o tijolo branco, para o volume inicial, e o tijolo preto, para as partes esvaziadas.

Além dessa primeira atitude conformadora do volume principal do conjunto, acrescentou-se outra: a soma de massa ao volume de tijolo branco definindo as varandas. Esta parte do processo assume a expressividade do conjunto a partir de uma composição gráfica, justapondo aqui volumetria e grafismo. Chama a atenção que a imagem final destas varandas sugira o esvaziamento da massa principal, e não a adição. Dessa forma, condensa e subverte as duas estratégias presentes no período enfocado.

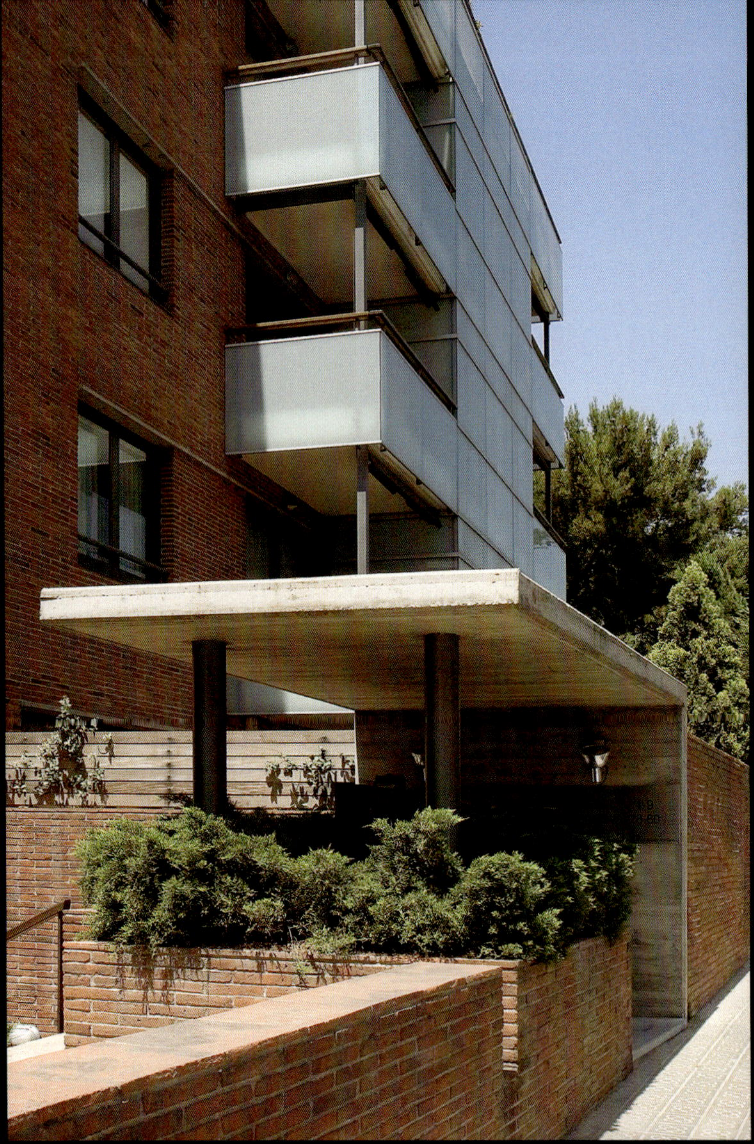

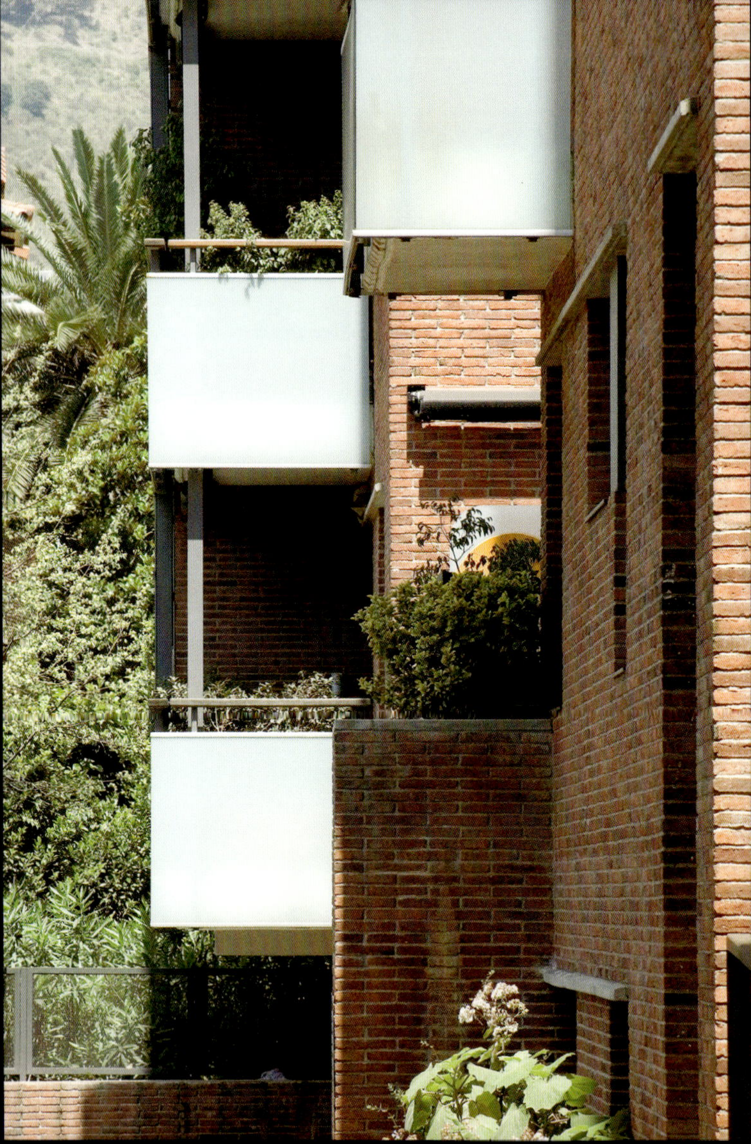

EDIFÍCIO PLURIFAMILIAR, RIBAS ARQUITECTOS
E BENITO MIRÓ. PASEO BONANOVA, BARCELONA,
2000. DETALHE DAS VARANDAS

EDIFÍCIO PLURIFAMILIAR, RIBAS ARQUITECTOS
E BENITO MIRÓ. ZONA FRANCA, BARCELONA, 2007.
DETALHE DAS VARANDAS

CASA CUBO, RIBAS ARQUITECTOS, BARCELONA, 2001. FACHADA LATERAL (ACESSO), DETALHE DAS JANELAS

EDIFÍCIO PLURIFAMILIAR, RIBAS ARQUITECTOS E BENITO MIRÓ, PERE IV, BARCELONA, 2006. PLANTA, FACHADA SUDESTE

EDIFÍCIO PLURIFAMILIAR, RIBAS ARQUITECTOS, PLAZA PRIM, BARCELONA, 2002. FACHADAS

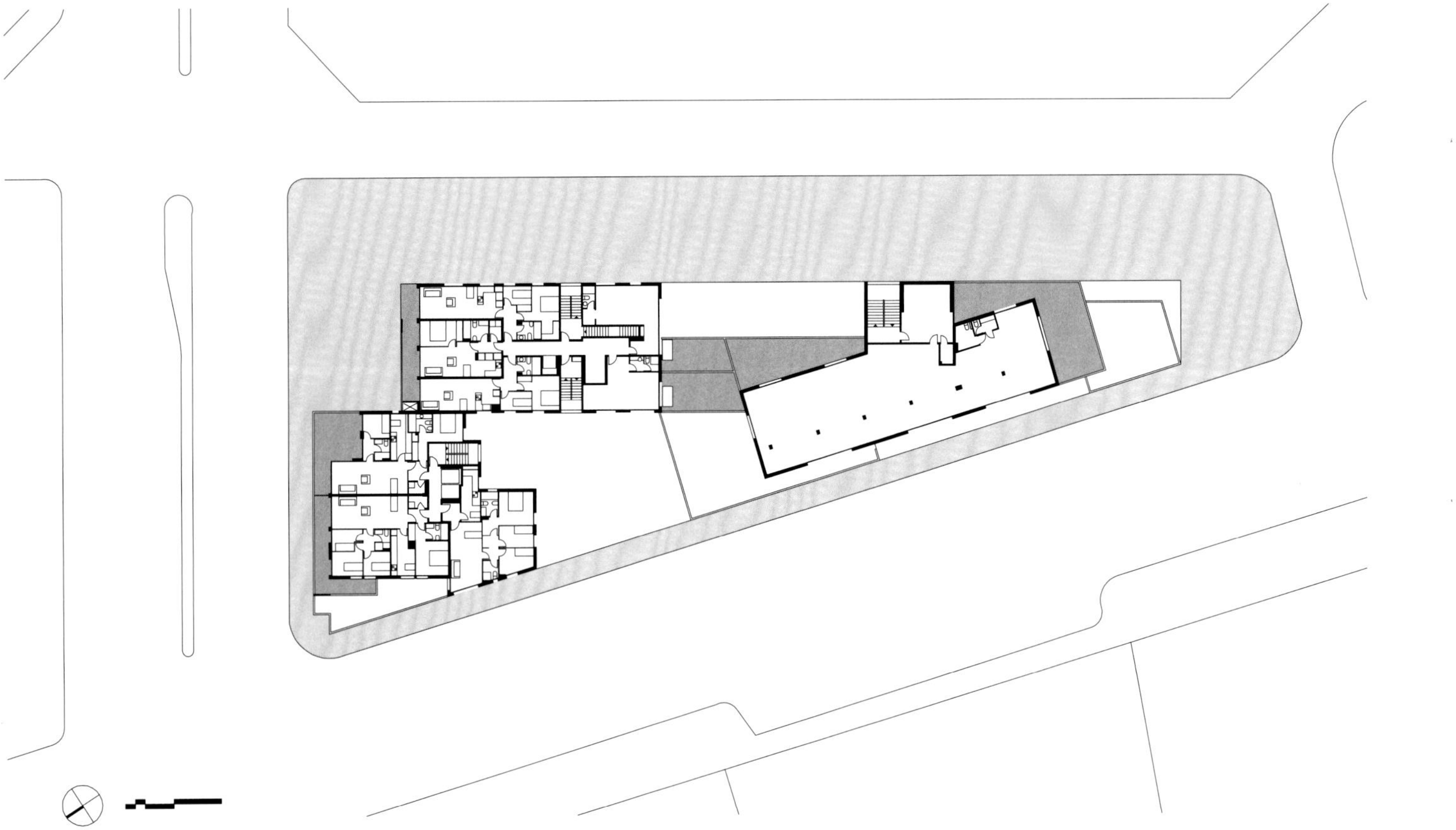

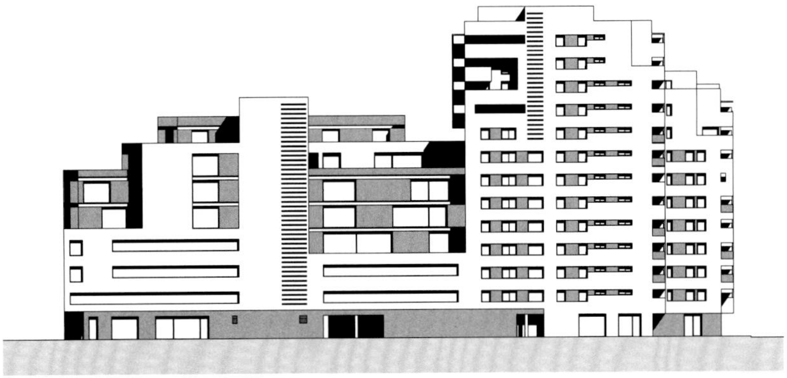

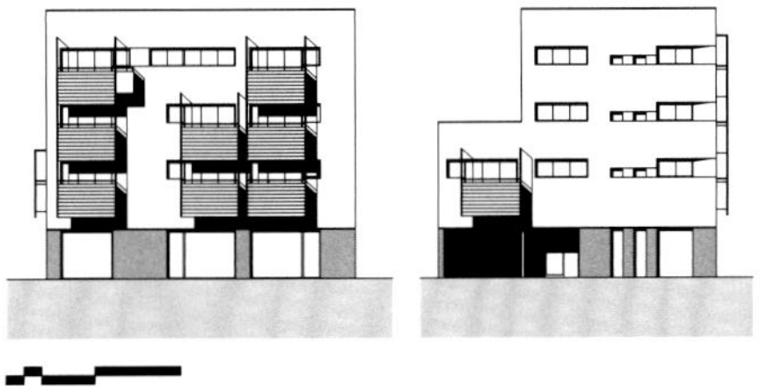

CASA NA PARCELA 412, RIBAS ARQUITECTOS, PRATS, CERDANHA, CATALUNHA, 1998. IMPLANTAÇÃO, PAVIMENTO TÉRREO, FACHADA SUL.

CASAS UNIFAMILIARES

Apesar da constância dos demais programas e escalas, a casa unifamiliar isolada no terreno permaneceu a tônica dominante do escritório. Foi inclusive no âmbito doméstico que se apontou com mais clareza a presença de outros lugares e tipos de clientes e, como conseqüência, sua transformação. A quantidade de casas construídas na alta montanha na comarca da Cerdanha aumentou, permanecendo como a região com maior número de obras do escritório, onde foi possível desenvolver e evoluir de forma contínua os fundamentos inicialmente expostos nos anos 1960 e 1970. Como exemplo, pode-se destacar a adaptação de casas a parcelas menores, exigindo outras formas de implantação que geraram distintas formas de organização do programa. Prevalecem, aí, as plantas em forma de T ou variações do esquema em H, onde cada extremidade responde a usos distintos e, em termos gerais, a cozinha assume o papel de eixo pivotante.

Não obstante, a partir dos anos 1990 se justapõe a esse tipo de residências dois outros – na região do Baix Empordà e na costa catalã –, que diferem de sua precisa localização, programa e perfil do cliente. Tal justaposição não implicou somente operar em meios distintos, com aspectos particulares culturais e físicos, mas também com legislações, programas e orçamentos diferentes em relação aos da montanha.

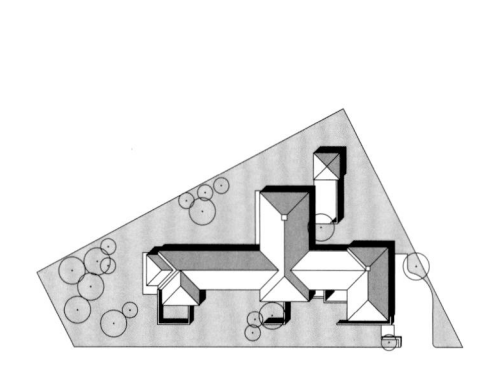

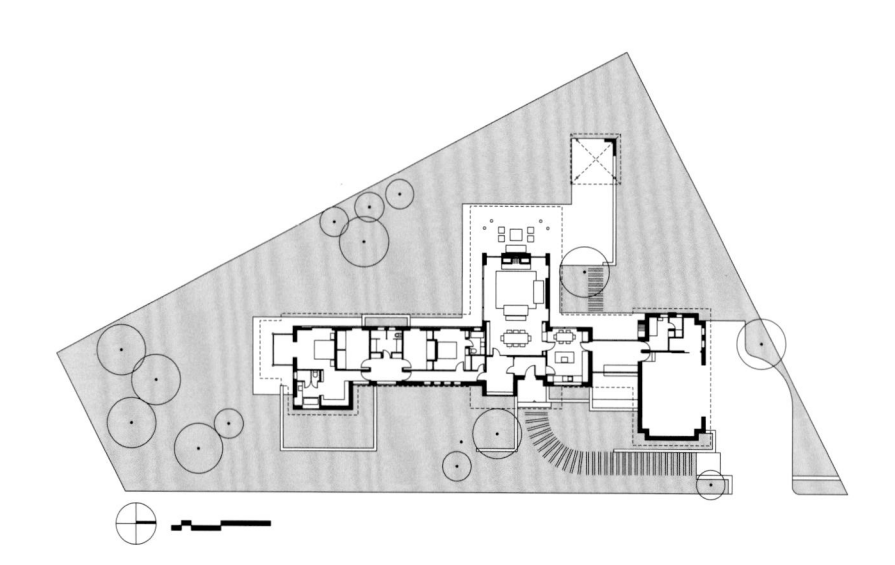

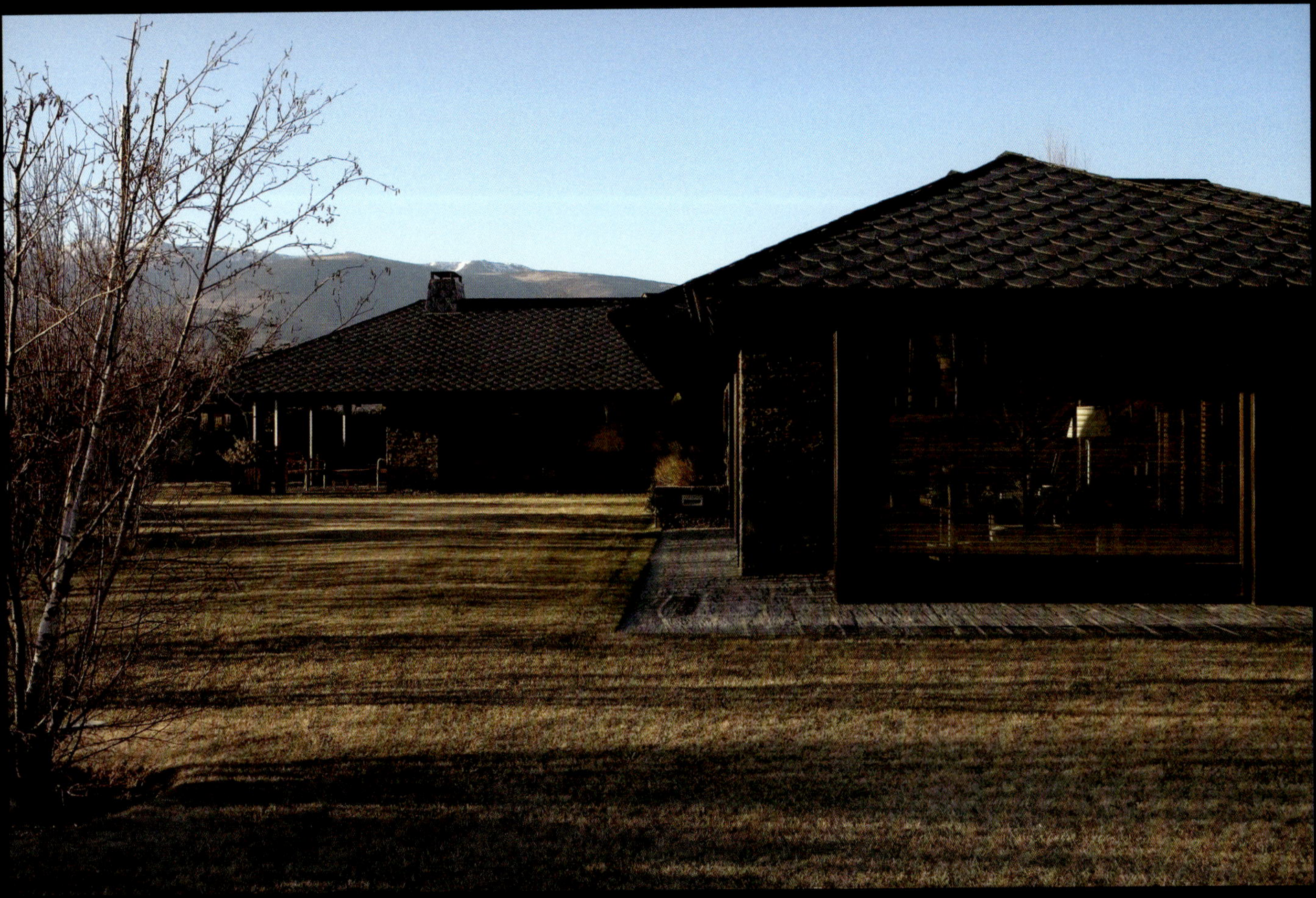

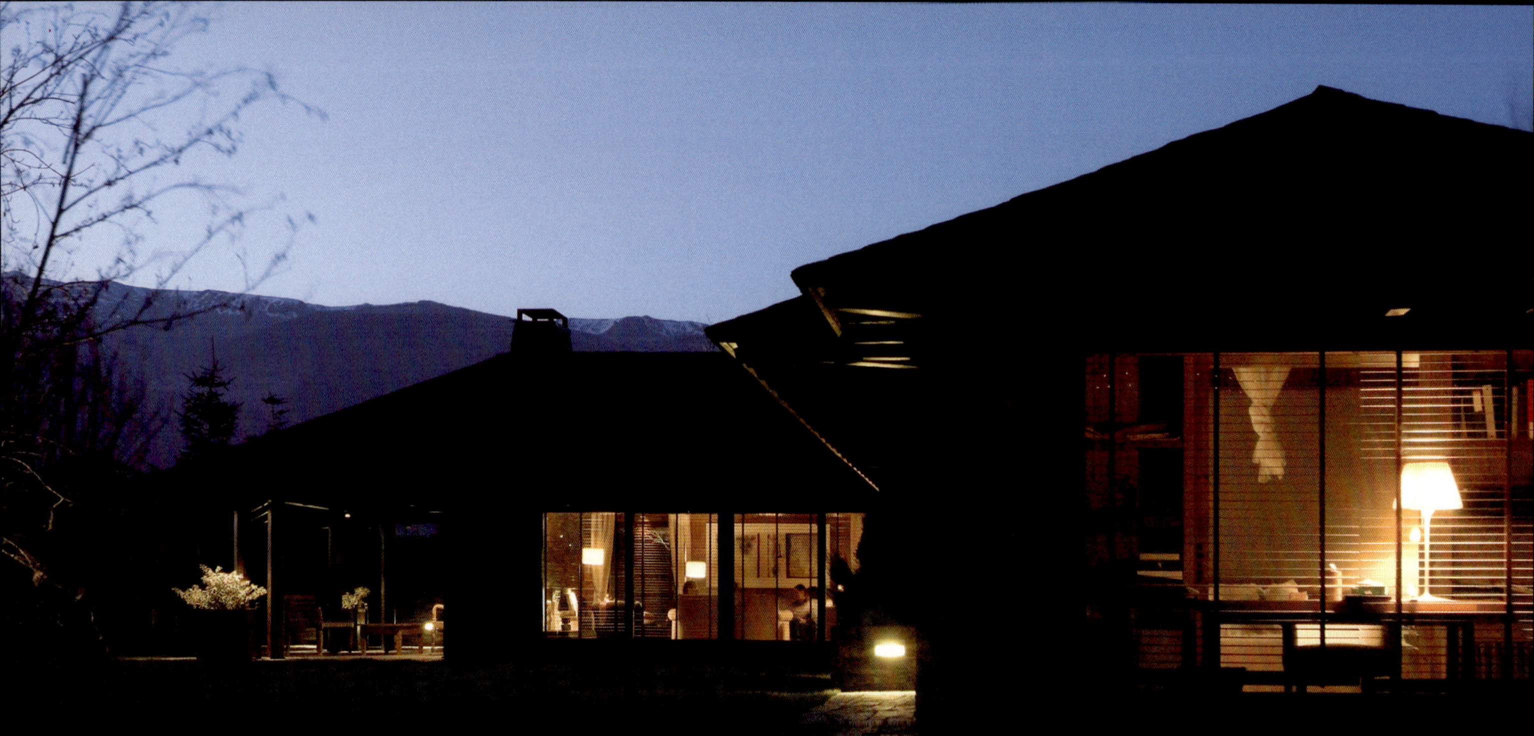

CASA NA PARCELA 412. FACHADA SUL. VISTA DESDE SUDESTE

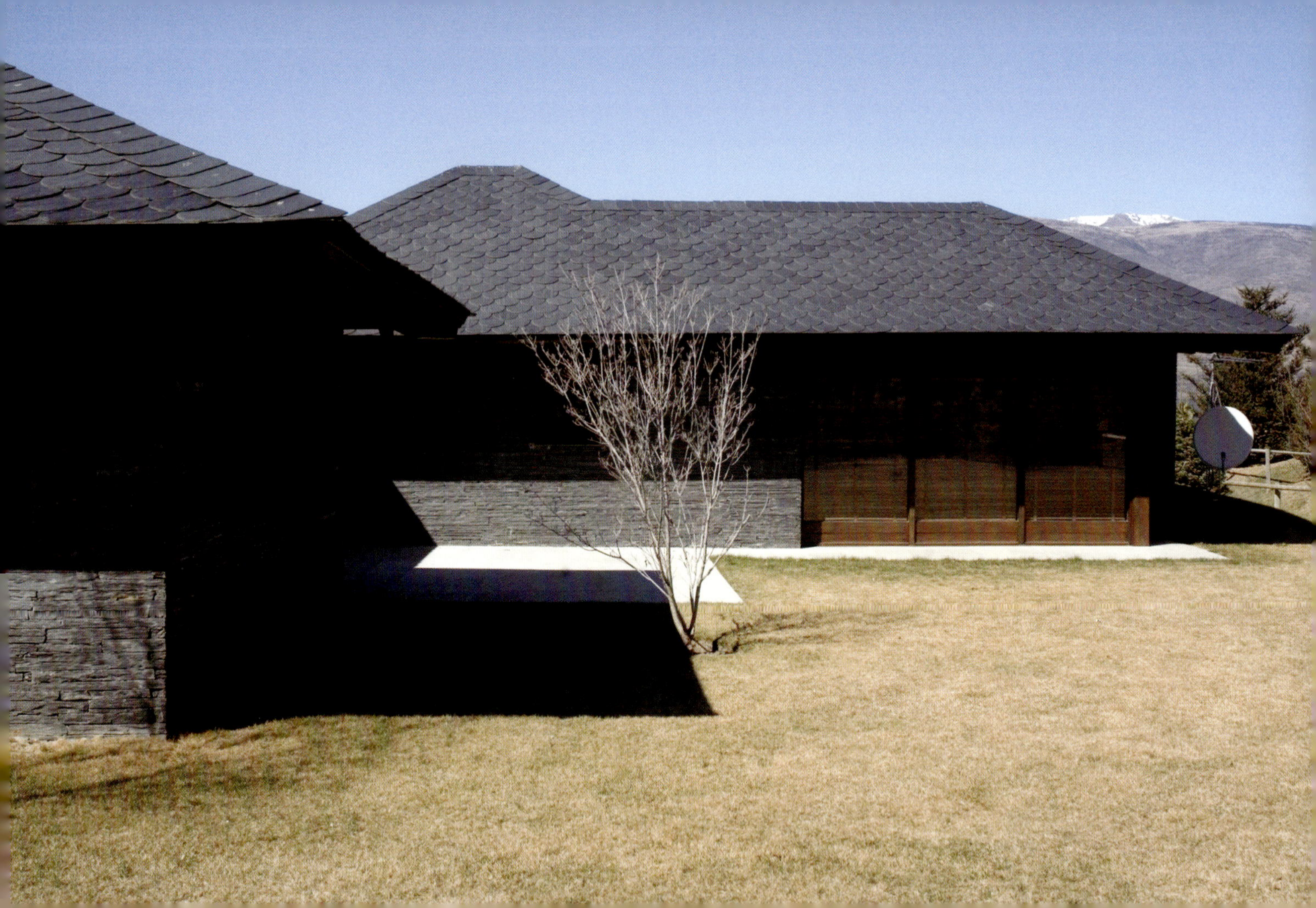

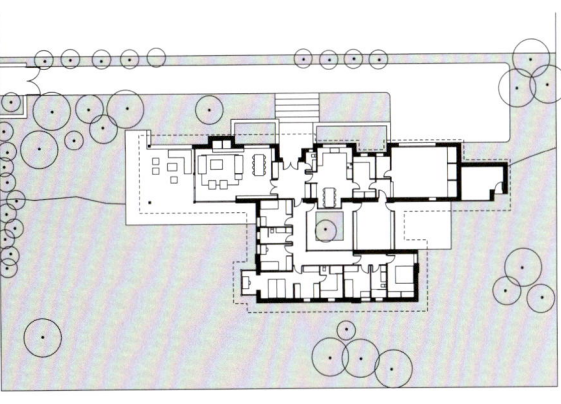

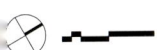

CASA NA PARCELA 406. RIBAS ARQUITECTOS. PRATS, CERDANHA, CATALUNHA, 2000. DETALHE DA FACHADA SUDESTE. FACHADA SUDOESTE. PAVIMENTO TÉRREO

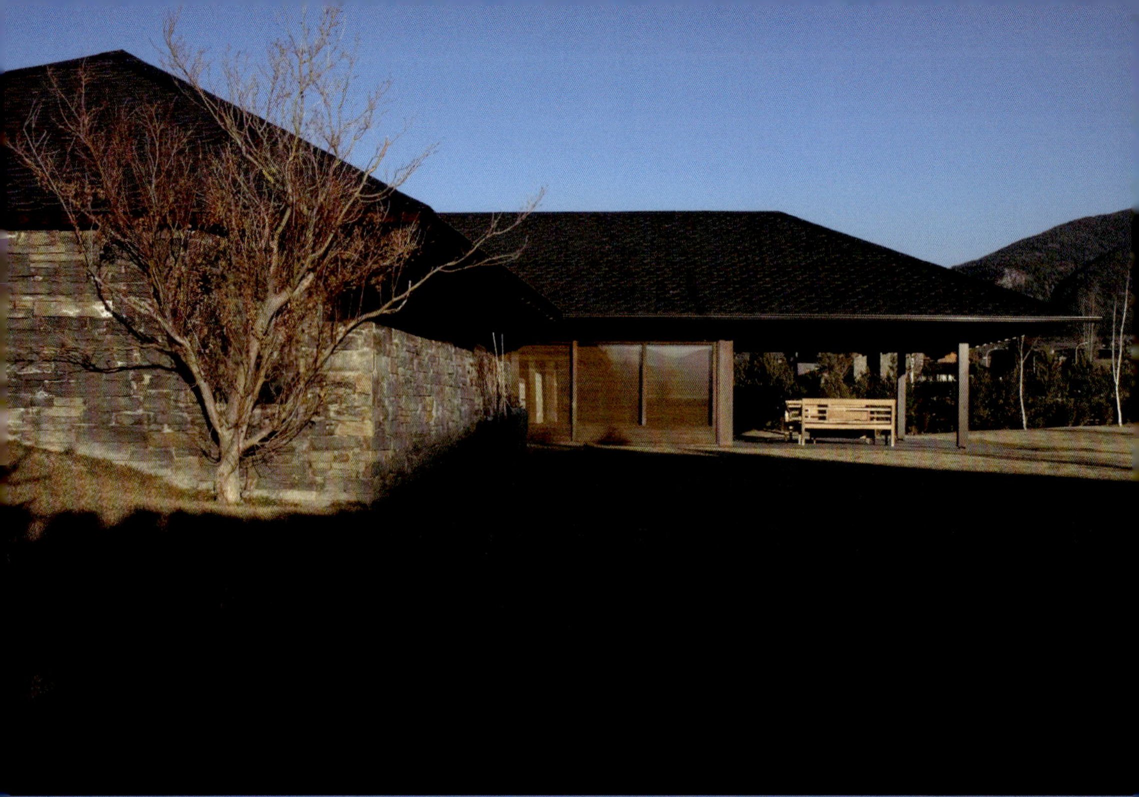

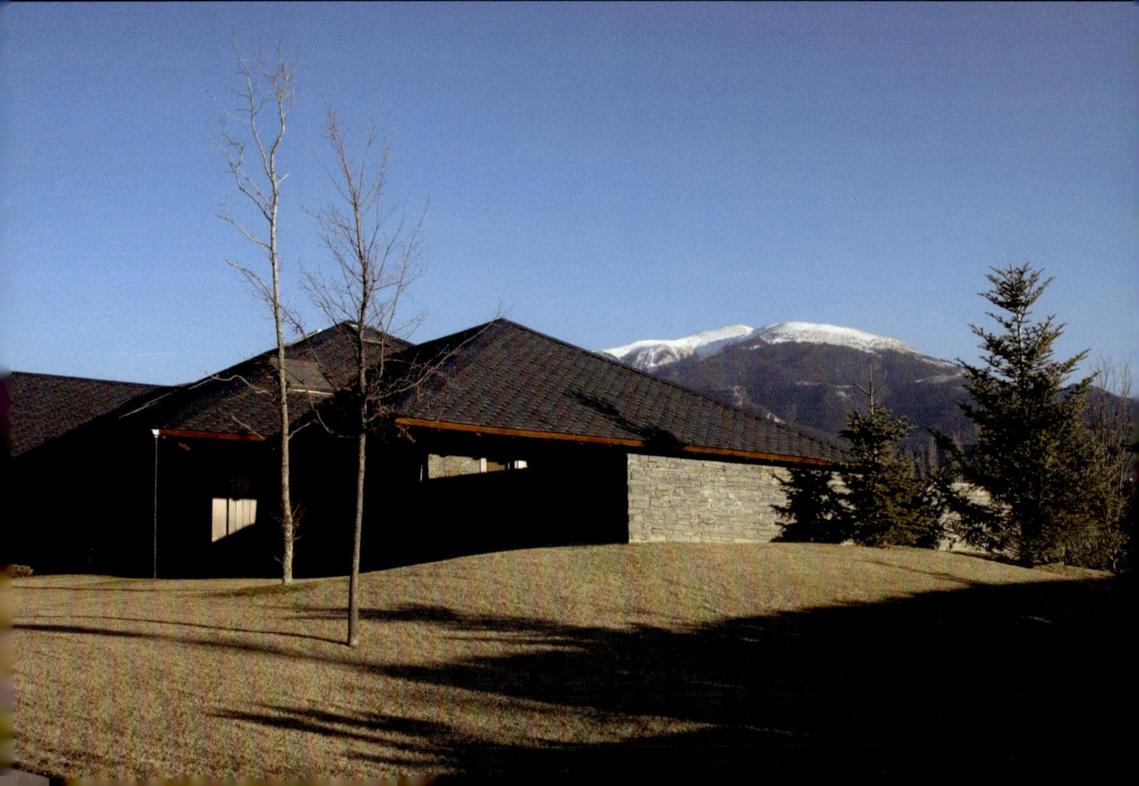

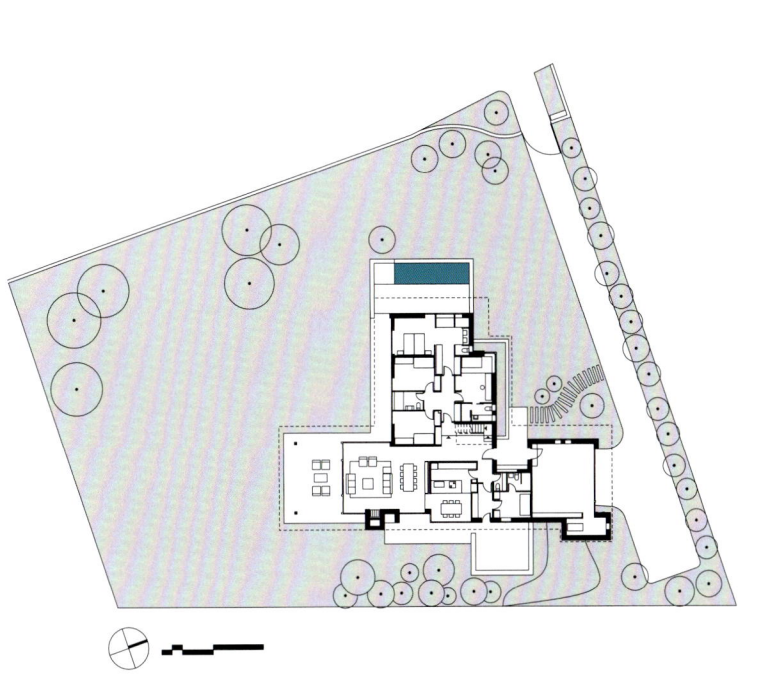

CASA NA PARCELA 414, RIBAS ARQUITECTOS, PRATS, CERDANHA, CATALUNHA, 2000. VISTA DA VARANDA DESDE OESTE. VISTA DESDE NOROESTE, PÁTIO DA PISCINA, PAVIMENTO TÉRREO

CASA, RIBAS ARQUITECTOS, LLAFRANC, COSTA BRAVA, CATALUNHA, 2007. FACHADA LESTE

CASA ROZÈS, JOSÉ ANTONIO CODERCH DE SENTMENAT, ROSES, GIRONA, 1962

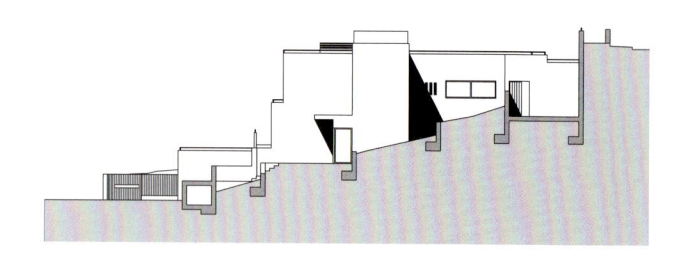

Estes fatos refletiram inevitavelmente em outras possibilidades de organização e composição nas obras do escritório.

Sobre esses aspectos deve-se considerar, ainda, a própria presença de Damián Ribas, que deixa ver nessas casas construídas na costa um interesse mais direto pela arquitetura de José Antonio Coderch, também desenvolvida na costa catalã.

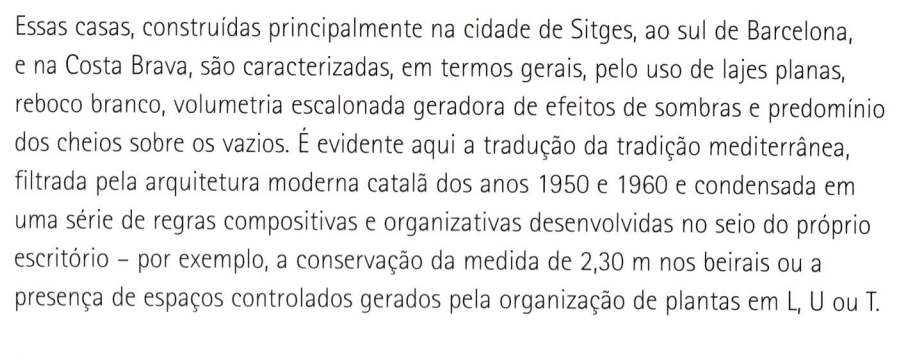

Essas casas, construídas principalmente na cidade de Sitges, ao sul de Barcelona, e na Costa Brava, são caracterizadas, em termos gerais, pelo uso de lajes planas, reboco branco, volumetria escalonada geradora de efeitos de sombras e predomínio dos cheios sobre os vazios. É evidente aqui a tradução da tradição mediterrânea, filtrada pela arquitetura moderna catalã dos anos 1950 e 1960 e condensada em uma série de regras compositivas e organizativas desenvolvidas no seio do próprio escritório – por exemplo, a conservação da medida de 2,30 m nos beirais ou a presença de espaços controlados gerados pela organização de plantas em L, U ou T.

Duas atitudes podem ser percebidas nestes projetos, condicionados em grande parte pela parcela em que foram construídos: a adequação do edifício à forte pendente do terreno através de plataformas escalonadas ou a imposição prévia de uma forma geométrica na qual o programa se adequa.

No primeiro caso, o escalonamento do edifício também foi marcado pelo escalonamento da planta dos dormitórios, utilizado como forma de proteção solar e como recurso compositivo gerador de sombras. As duas atitudes estão presentes na conhecida Casa Rozès, de J. A. Coderch, construída na costa rochosa da praia de Roses em 1962.

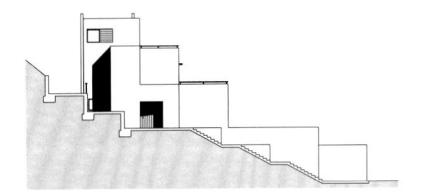

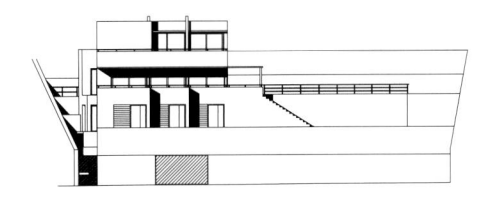

CASA, RIBAS ARQUITECTOS, VALLPINEDA, SITGES, CATALUNHA, 1999. FACHADA SUDOESTE, FACHADA SUDESTE, PLANTA DORMITÓRIOS, PLANTA ESTAR/JANTAR/COZINHA

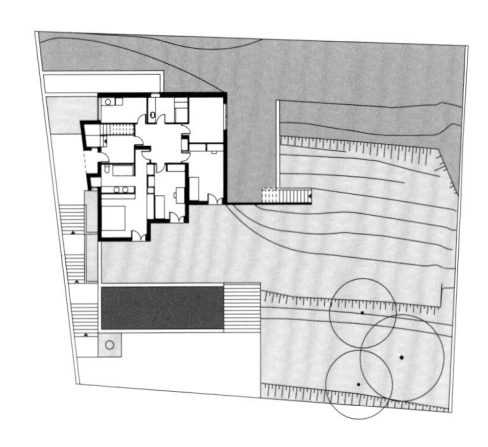

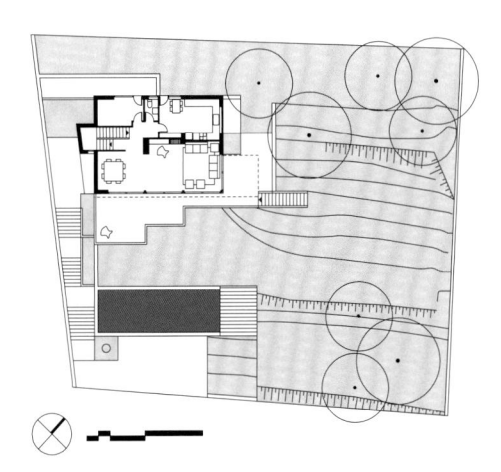

Em dois projetos, um na urbanização Vallpineda, na cidade de Sitges (2001) e outro na cidade de Llafranc (2006), é evidente a estratégia que condiciona a mesma organização dos programas a partir da localização da garagem na cota mais baixa, subindo em direção aos dormitórios na primeira plataforma e às salas na segunda, privilegiando assim as vistas das áreas comuns. Nos dois casos a forma geométrica gerada é distinta em cada planta e está definida de modo menos impositivo, respondendo à resolução de problemas vinculados a seus usos, acessos e vistas.

Outras duas casas em Sitges, situadas em bairros mais consolidados e com um caráter mais urbano, como o setor La Plana ou a Calle Roma, são caracterizadas por uma forma previamente decidida na qual o programa se ajusta. Neste caso, se diferenciam sobremaneira da estratégia desenvolvida nas casas da alta montanha, onde a forma inicialmente eleita era transformada de acordo com as necessidades do programa. Aqui não há muitas concessões volumétricas e, quando existem, são elementos exteriores que sobressaem como terraços ou varandas, aproximando-se mais da estratégia utilizada na Casa Cubo. Entretanto, à diferença desta, a volumetria de ambas ganha mais expressividade pelo esvaziamento de parte de sua massa, adequando esses projetos às condicionantes climáticas locais por meio do controle de áreas sombreadas, que funcionam ao mesmo tempo como recurso compositivo.

A outra região onde prevaleceu um número importante de casas foi o Baix Empordà, no norte da Catalunha. Essa localização foi decisiva na redefinição de uma arquitetura experimentada de forma consciente a partir do projeto para a Casa Club do PGA Golf da Catalunya, que pôde ser desenvolvida nestas casas, todas posteriores ao ano 2000.

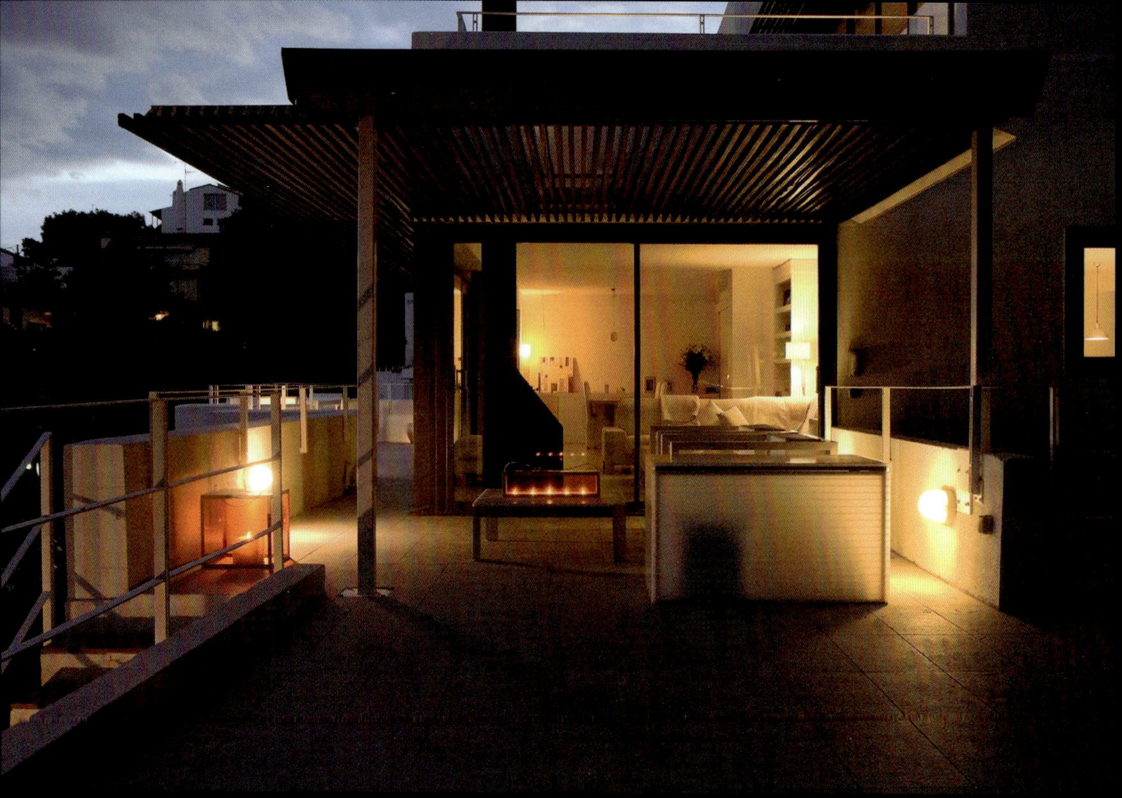

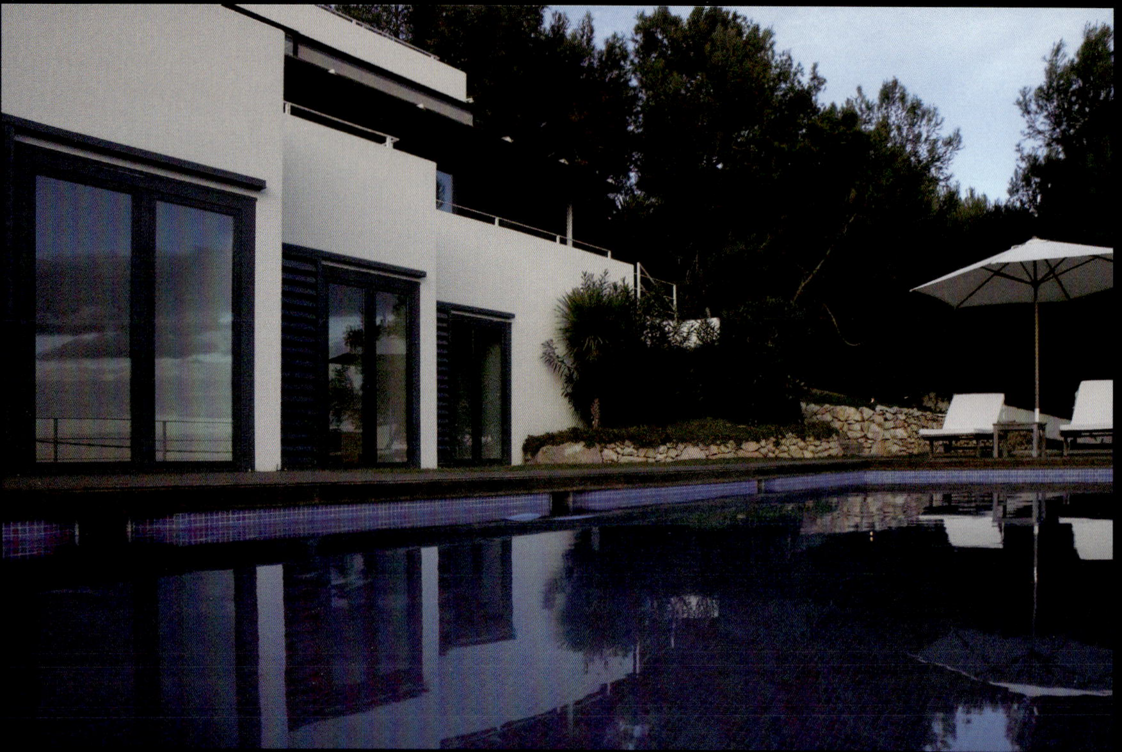

CASA, RIBAS ARQUITECTOS, VALLPINEDA, SITGES, CATALUNHA, 1999. VISTA DA VARANDA DESDE NORDESTE, VISTA DESDE LESTE, VISTA DESDE SUL

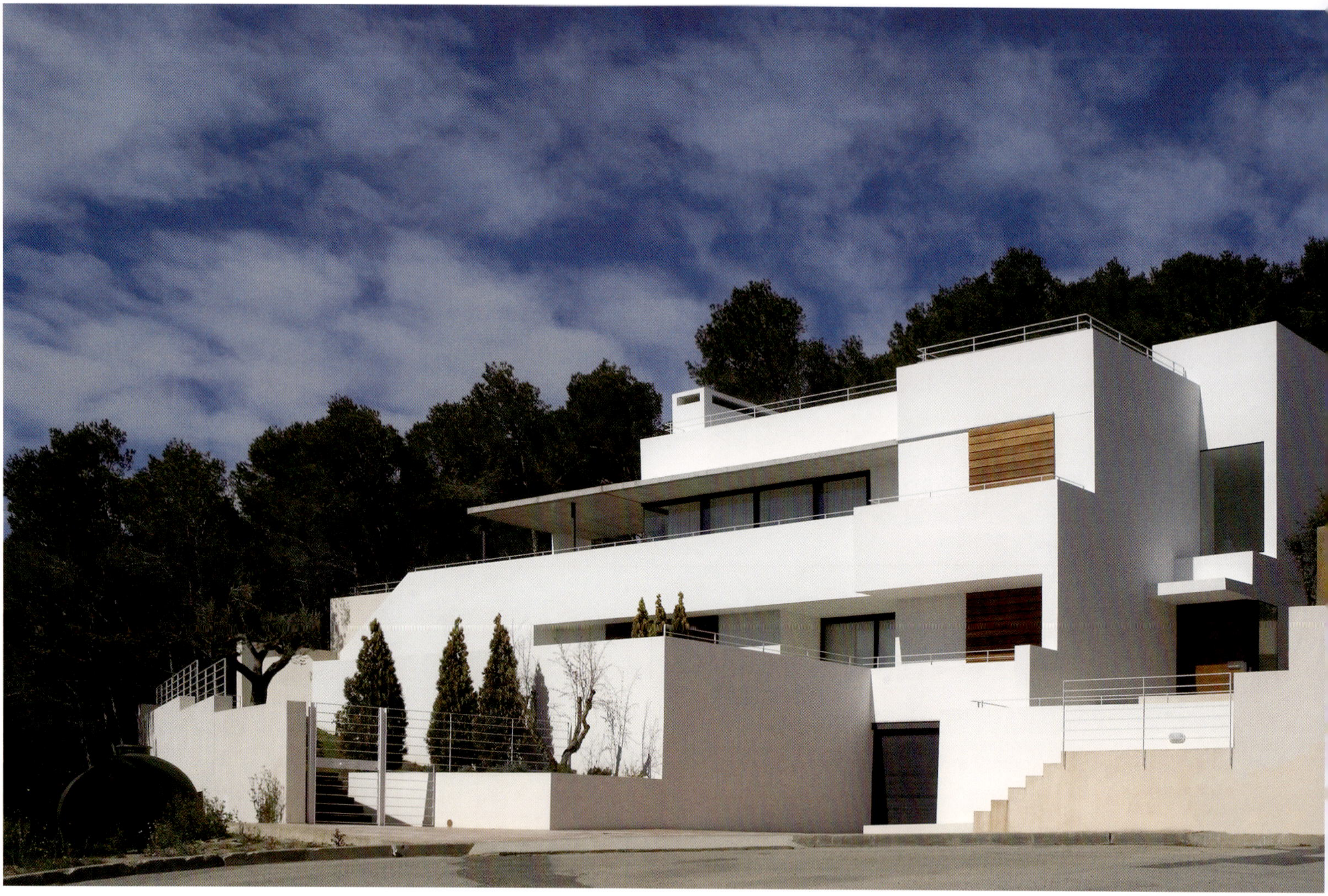

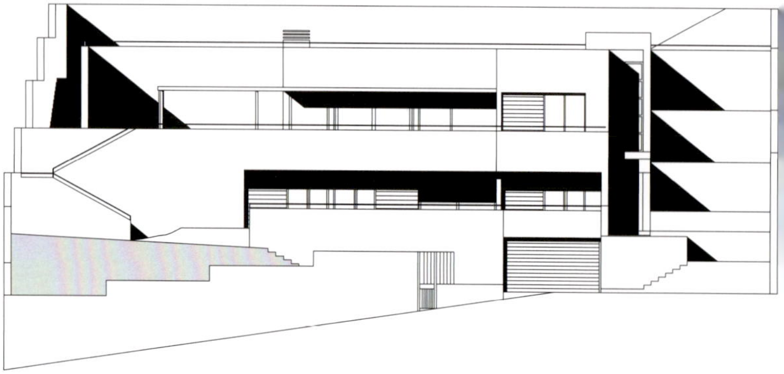

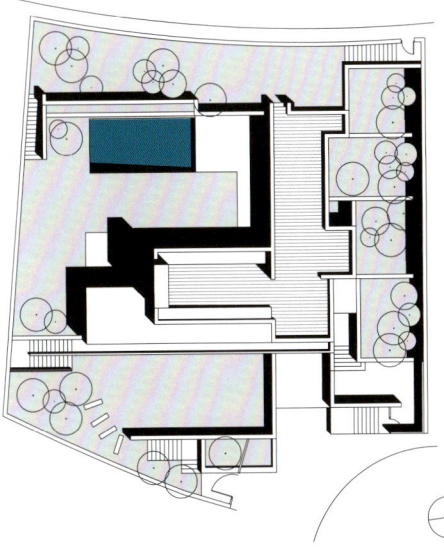

CASA, RIBAS ARQUITECTOS, LLAFRANC, COSTA BRAVA, CATALUNHA, 2007. FACHADA SUL, FACHADA SUL, JARDIM DOS DORMITÓRIOS NA FACHADA SUL, IMPLANTAÇÃO

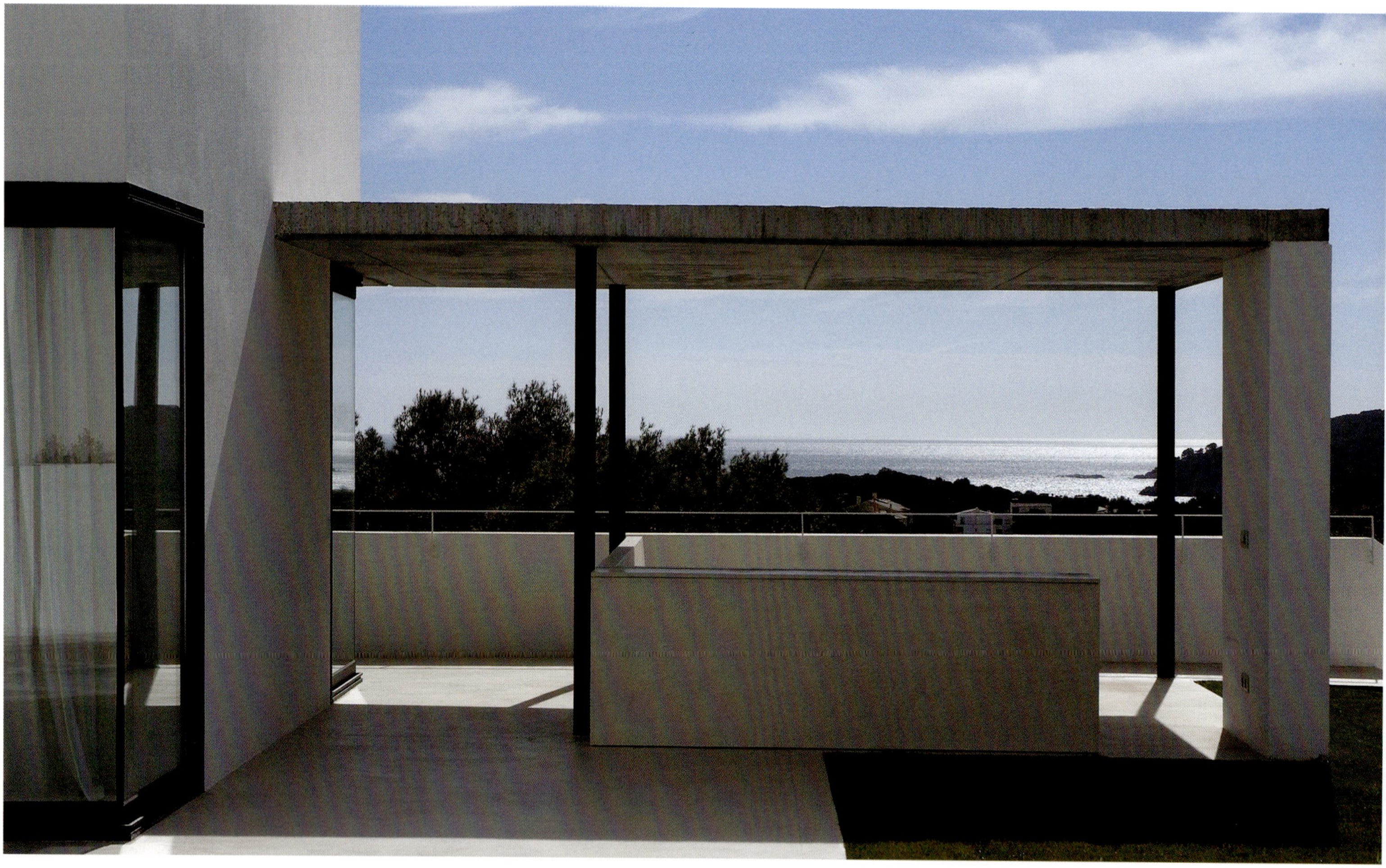
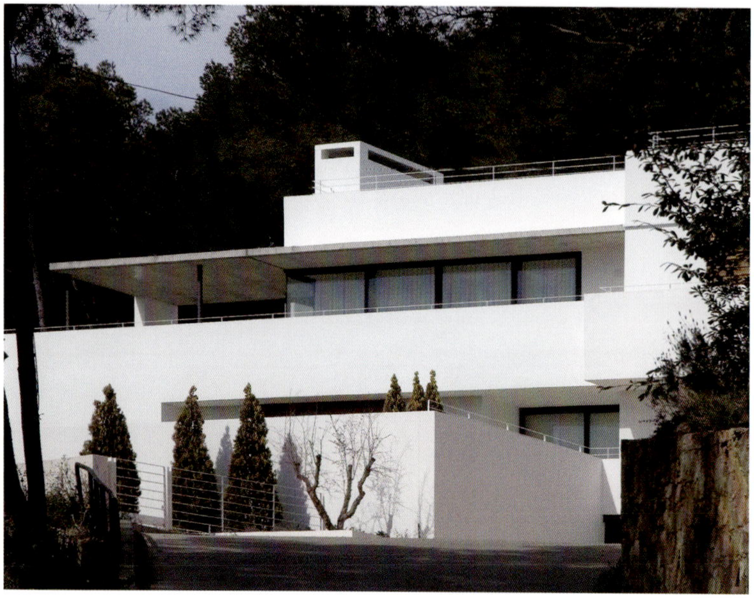
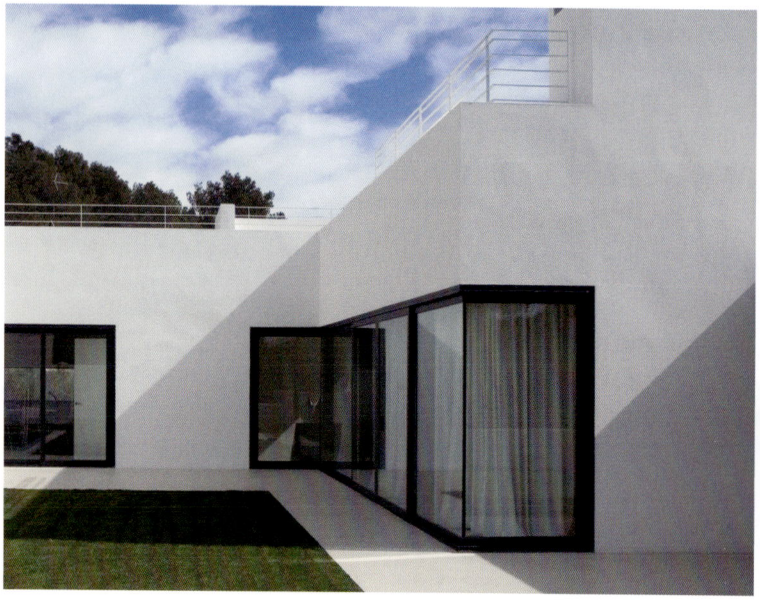

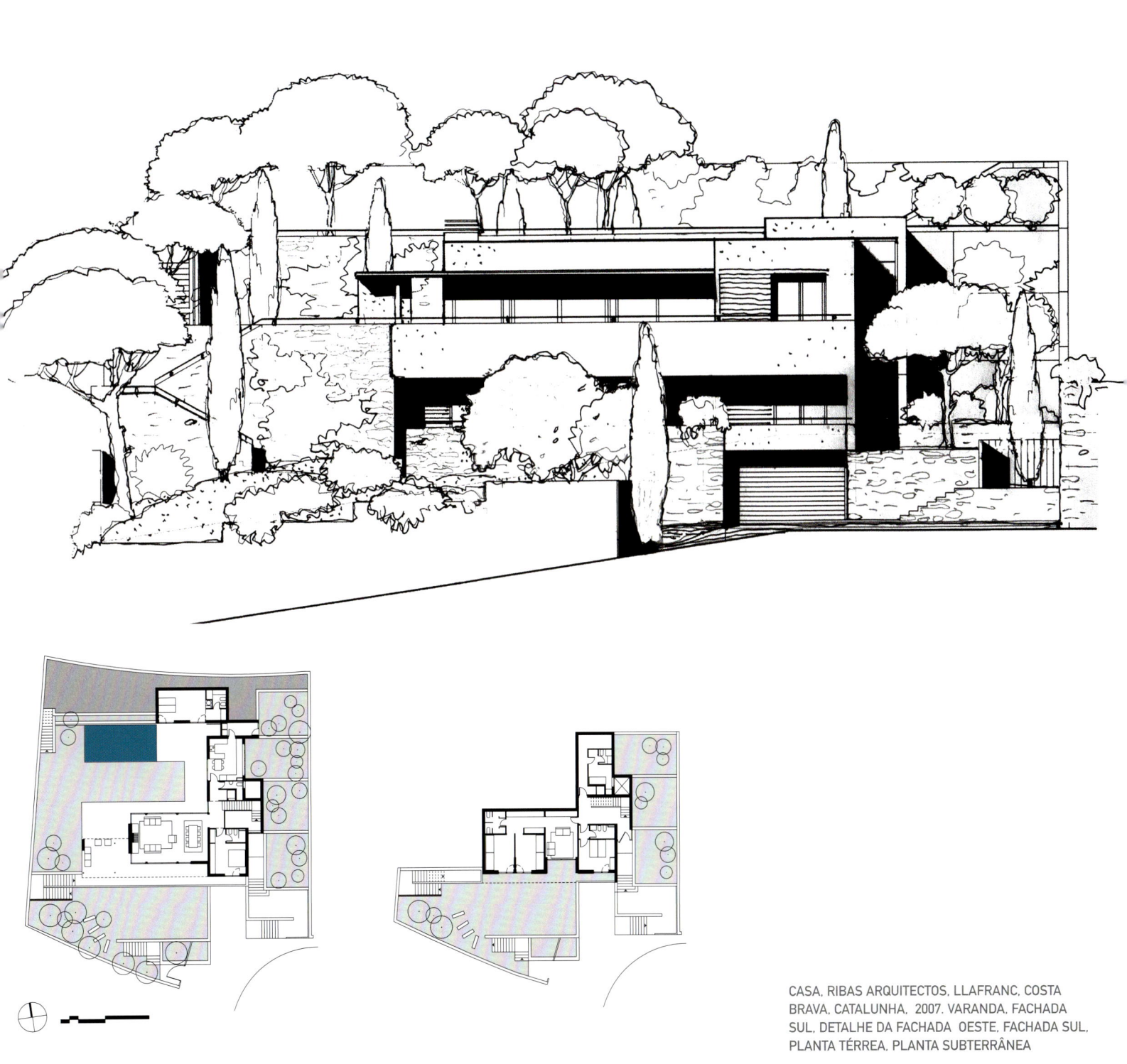

CASA, RIBAS ARQUITECTOS, LLAFRANC, COSTA BRAVA, CATALUNHA, 2007. VARANDA, FACHADA SUL, DETALHE DA FACHADA OESTE, FACHADA SUL, PLANTA TÉRREA, PLANTA SUBTERRÂNEA

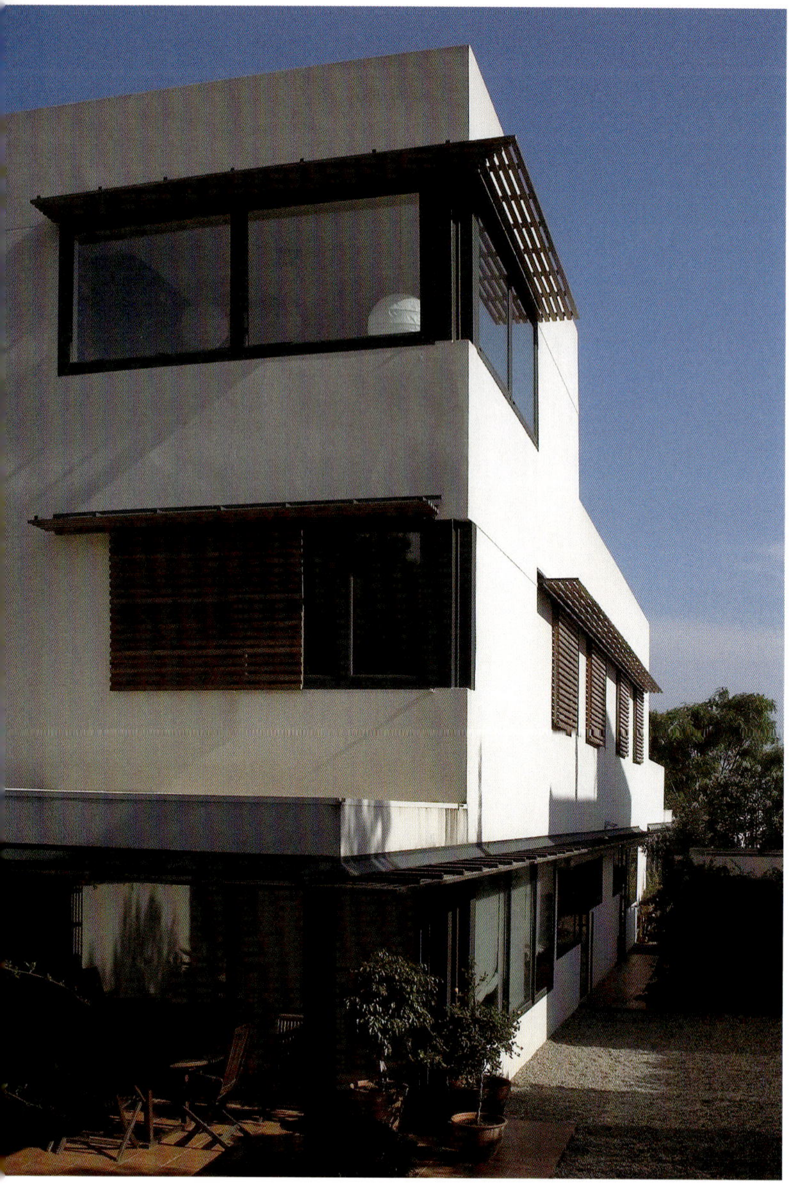

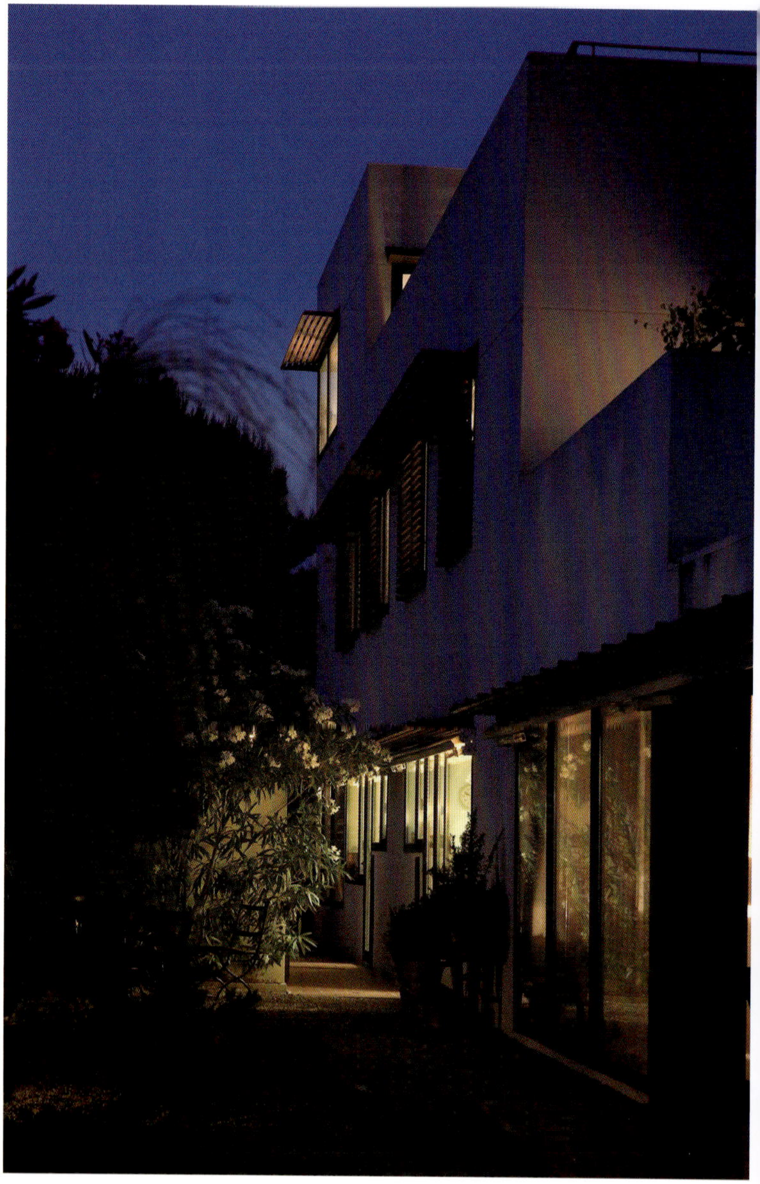

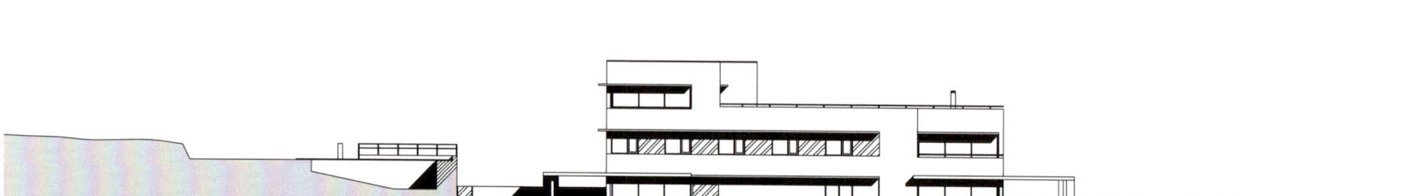

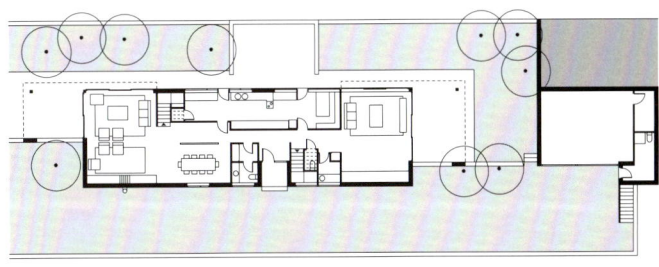

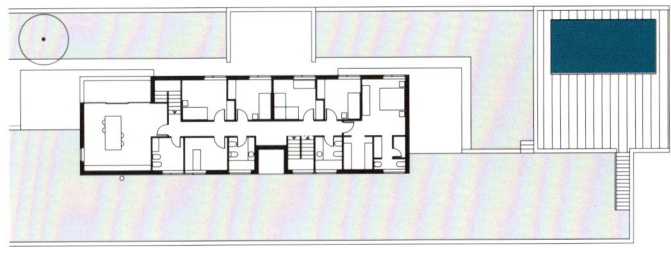

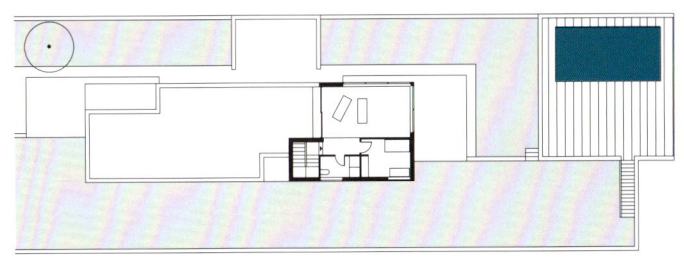

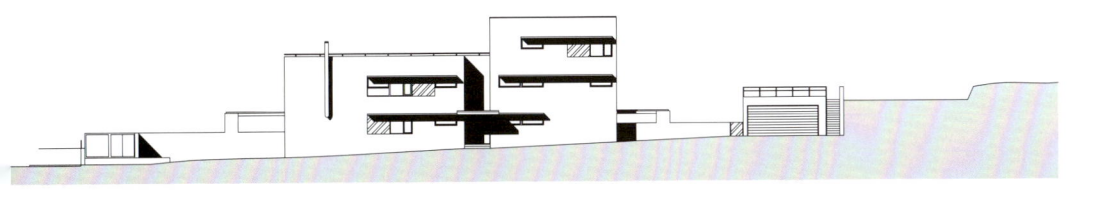

CASA, RIBAS ARQUITECTOS, SETOR PLANA. SITGES, CATALUNHA. 2004. VISTA DESDE NORTE, VISTA DESDE SUDOESTE, FACHADA OESTE, DETALHE DA FACHADA LESTE, PLANTA TÉRREA, 1º PAVIMENTO, 2º PAVIMENTO, FACHADA LESTE

CASA, RIBAS ARQUITECTOS, CALLE ROMA, SITGES, CATALUNHA, 2004. VISTA DA FACHADA SUDESTE, VARANDA

CASA, RIBAS ARQUITECTOS, MONT-RAS, BAIX EMPORDÀ, CATALUNHA, 2003. FACHADA SUDESTE, VISTA DO ESTAR DESDE O EXTERIOR, IMPLANTAÇÃO

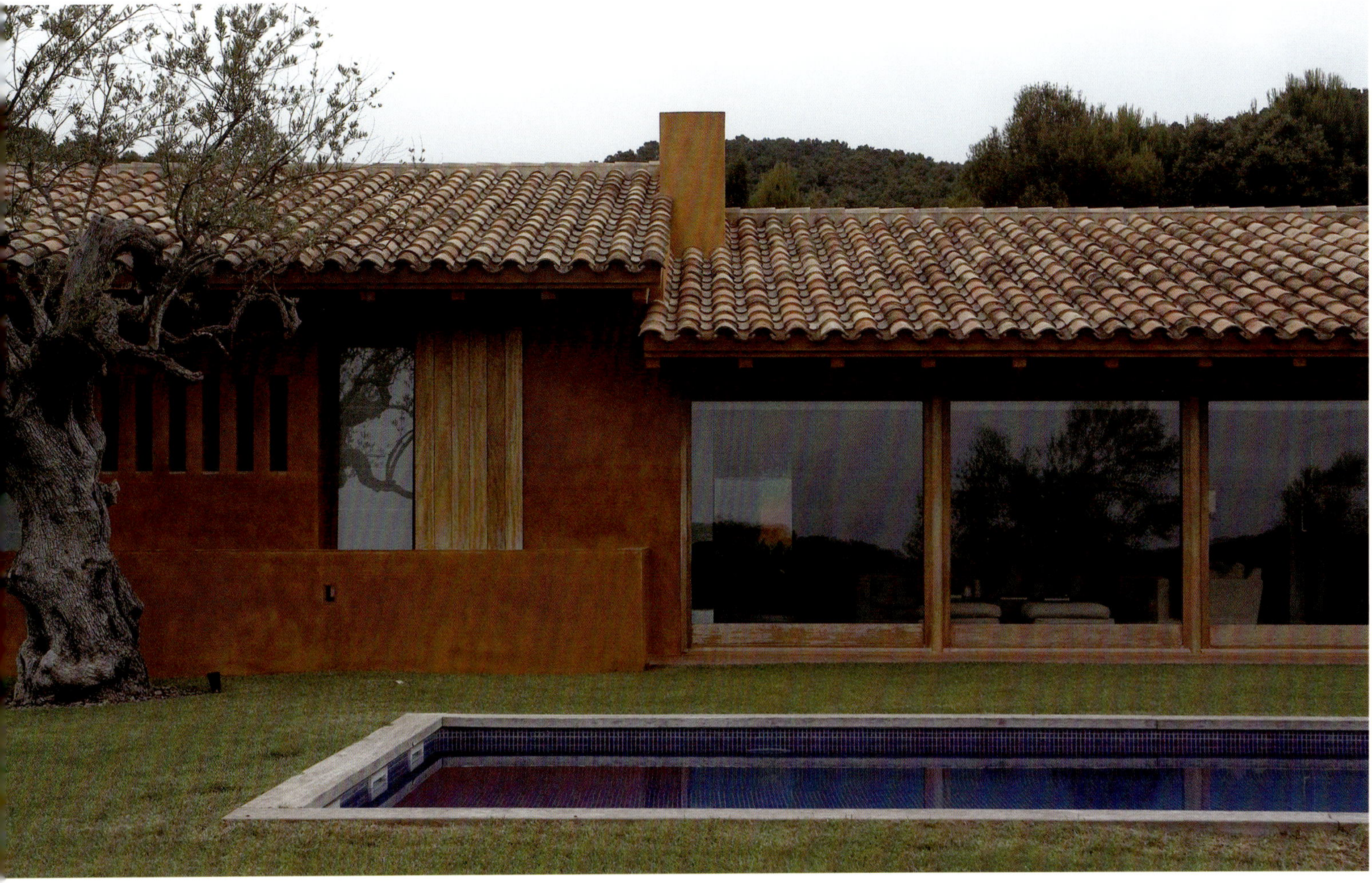

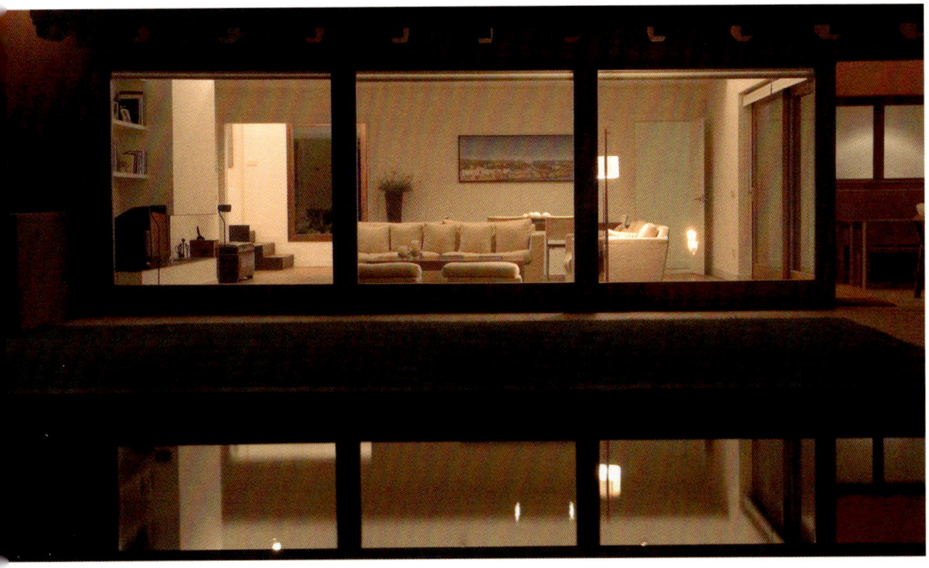

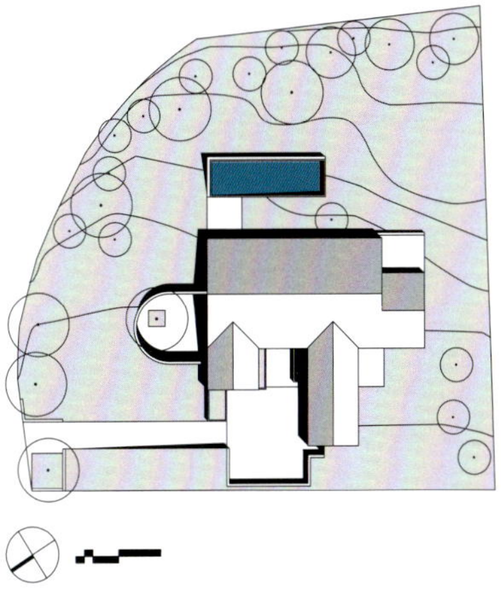

CASA NA PARCELA 27 DE TORRENT, RIBAS
ARQUITECTOS, BAIX EMPORDÀ, CATALUNHA, 2005.
VISTA DESDE SUL, DETALHE DA FACHADA
SUDOESTE

CASA UGALDE, JOSÉ ANTONIO CODERCH
DE SENTMENAT, CALDES D'ESTRAC, 1951.
PLANTA TÉRREA, 1º PAVIMENTO, 2º PAVIMENTO

Em pelo menos quatro projetos é evidente a conciliação entre aspectos incorporados a partir das casas da costa com outros já controlados e sistematizados nas da montanha. Esse procedimento se afiançou no fato de que a região onde foram construídos se encontre entre o mar Mediterrâneo e os Pireneus catalães, e, sobretudo, por exigir outras atitudes frente a legislações, dimensões dos lotes, perfil dos clientes, orçamentos e condições climáticas distintas.

As atitudes iniciais nos primeiros projetos construídos ali se parecem muito com as tomadas na alta montanha: buscam interpretar aspectos relativos à arquitetura autóctone. As diferenças fundamentais residem na eleição de materiais, cores, aberturas e tipos de cobertura – nestes casos, a uma ou duas águas sem beirais laterais, como a casa construída na urbanização de Mont-Ras em 2003 ou a do pequeno vilarejo de Torrent, em 2005. Ambas dão pistas da evolução experimentada neste período e região.

A primeira mudança radical, evidenciada nas casas projetadas aí, apresenta-se no estudo inicial da parcela contígua à casa mencionada em Torrent: uma casa de fim de semana projetada no mesmo ano para um jovem casal – uma fotógrafa e um publicitário – com um único filho. Foi projetada inicialmente a partir da articulação de três volumes independentes com coberturas inclinadas a uma água e dispostos em ângulos distintos. Os espaços gerados entre eles, os de conexão e as varandas de permanência, foram propostos como uma única cobertura plana. Como efeito, os desenhos revelam a busca de distintas perspectivas e espaços sombreados em contraposição aos volumes maciços.

O projeto executado resultou numa planta mais ortogonal, regulada por dois eixos perpendiculares. Um deles correspondente ao acesso, e o outro, de cobertura plana, marca o volume longitudinal onde se acoplam outros quatro blocos com coberturas inclinadas a uma única água. Ainda que aqui já esteja presente a lógica do uso das coberturas, os aspectos compositivos e volumétricos determinaram o tipo de cobertura independentemente do uso a que o espaço foi destinado.

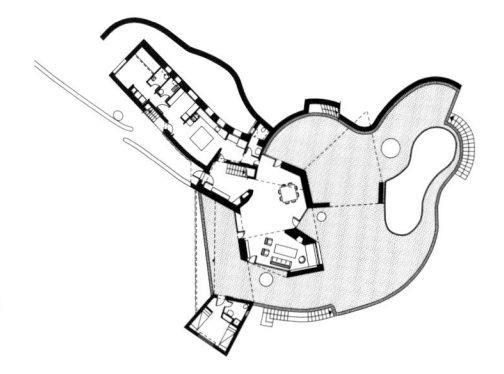

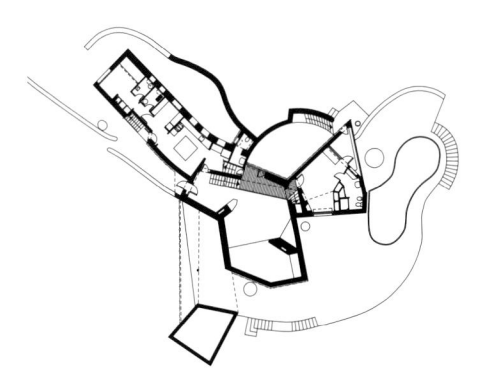

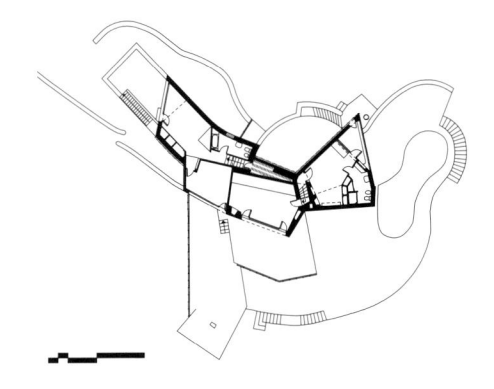

Em outro projeto, também em Torrent, em uma parcela mais generosa na urbanização de Els Trullars, a mesma estratégia se mostrou mais controlada, apoiada nas dimensões do lote e organizando a casa ao redor de um pátio, da mesma forma que nas construções da alta montanha. A lógica da planta em U desvelou uma hierarquia bastante clara e consciente entre os volumes inclinados. Dois deles estão dispostos formando um ângulo reto, destinados aos dormitórios; outro às áreas coletivas; e o último às áreas de serviços. Os quatro volumes estão conectados por lajes planas – 2,30 m desde o pavimento – no lado interno e se estendem para fora da forma em U. Com este recurso, definiu-se a marquise de automóveis e a varanda de convivência.

O pátio central da casa foi posto na cota +1, acima do nível do pavimento térreo, rompendo sua continuidade com o espaço interior e reforçando seu papel estrutural na organização do conjunto. Todo ele foi convertido pelo escultor Ernest Altes em uma paisagem artificial, feita de pedras e espelhos. Um espaço sem uso, apenas ordenador do conjunto e feito para ser contemplado.

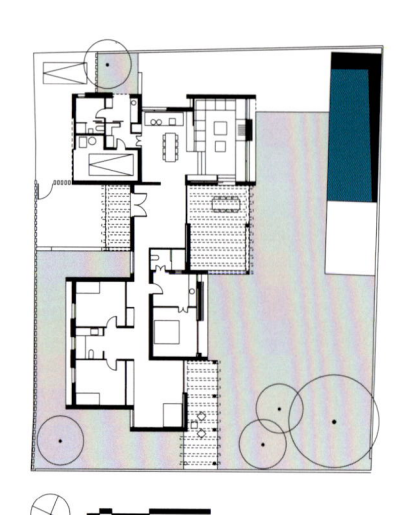

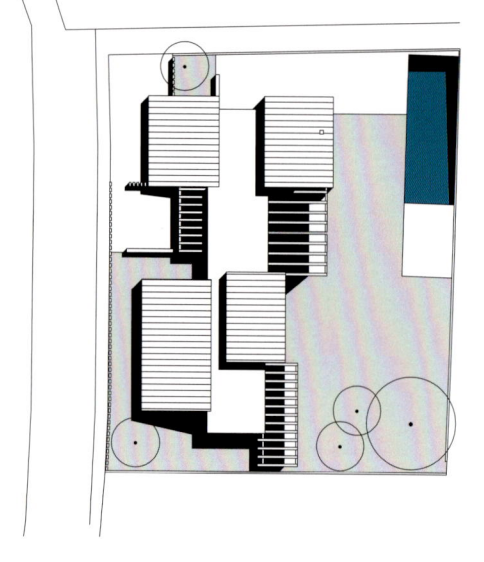

CASA NA PARCELA 26 DE TORRENT. RIBAS ARQUITECTOS. BAIX EMPORDÀ CATALUNHA. 2005. PLANTA TÉRREA DA PROPOSTA INICIAL. PLANTA TÉRREA. IMPLANTAÇÃO. VARANDA. DETALHE DA FACHADA SUDOESTE

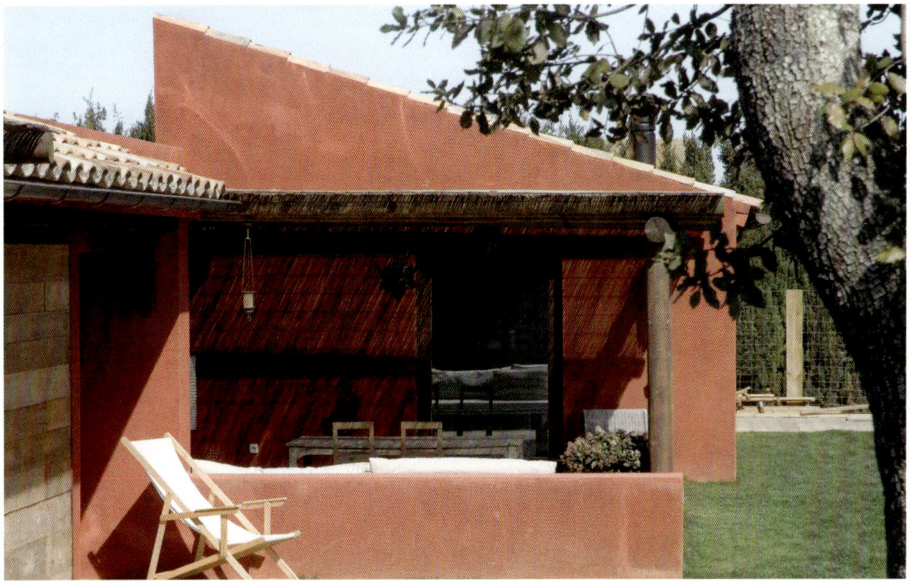

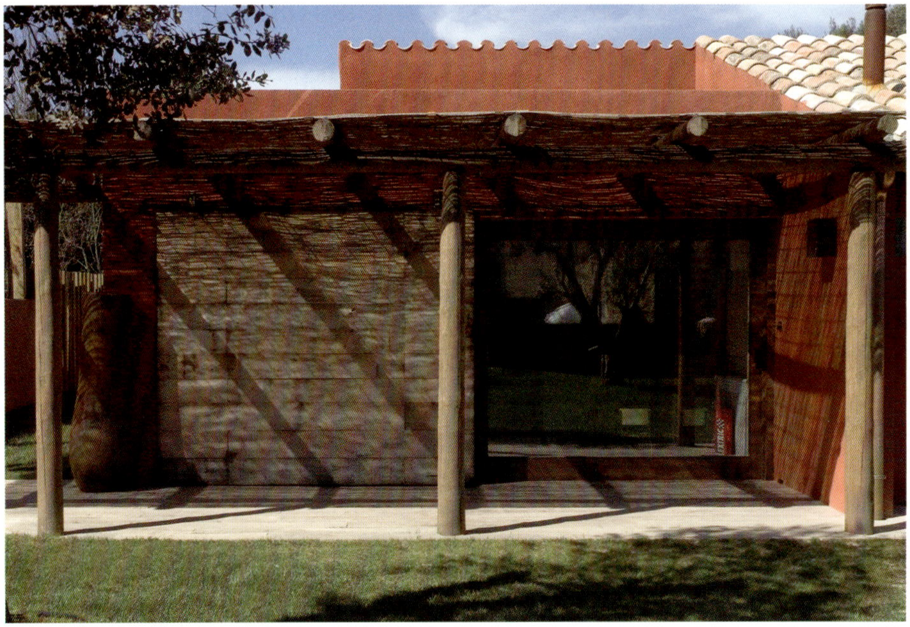

CASA NA PARCELA 26 DE TORRENT. VISTA DA VARANDA PRINCIPAL DESDE NOROESTE, DETALHE DA FACHADA SUDOESTE, VARANDA PRINCIPAL. PERSPECTIVA DA PRIMEIRA PROPOSTA

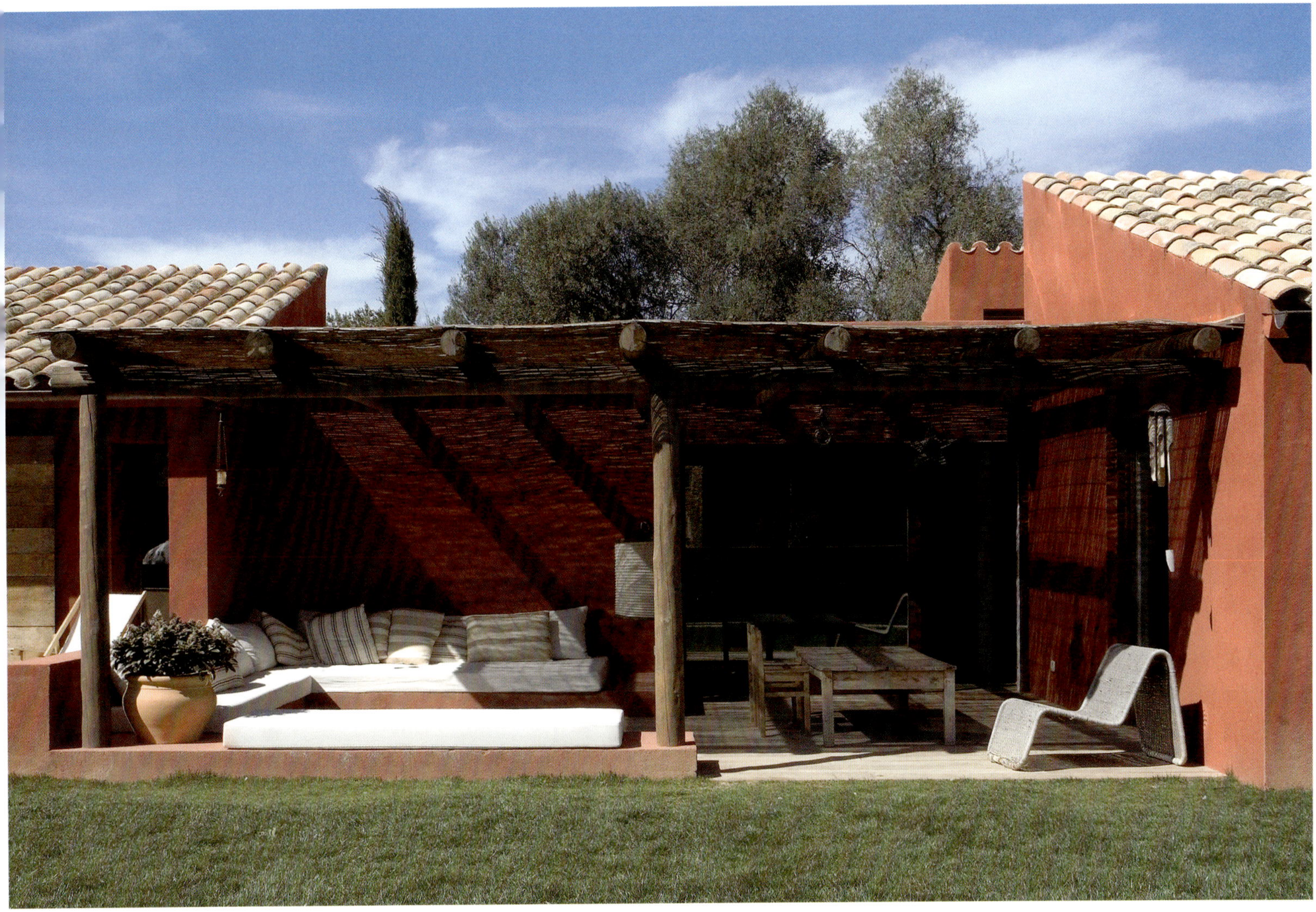

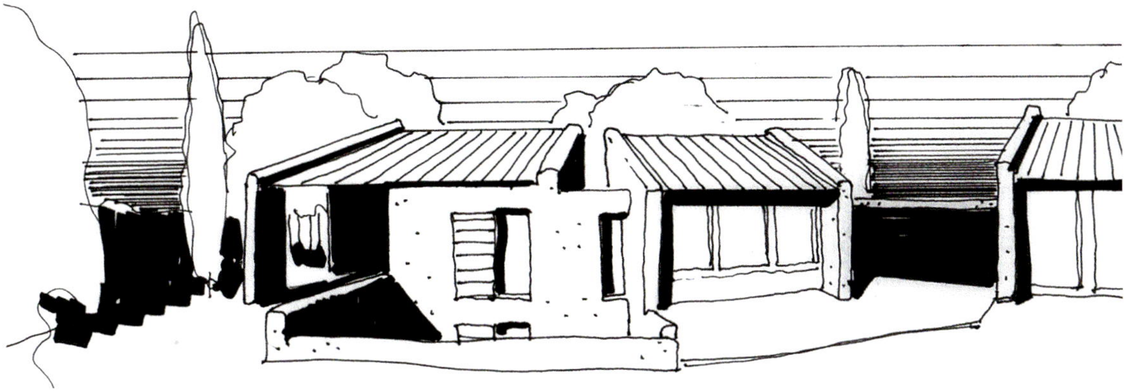

CASA NA PARCELA 26 DE TORRENT. DETALHE
DA FACHADA NOROESTE

CASA NA PARCELA 14 DA URBANIZAÇÃO ELS
TRULLARS, RIBAS ARQUITECTOS, BAIX EMPORDÀ,
CATALUNHA, 2007. VISTA DESDE SUDESTE

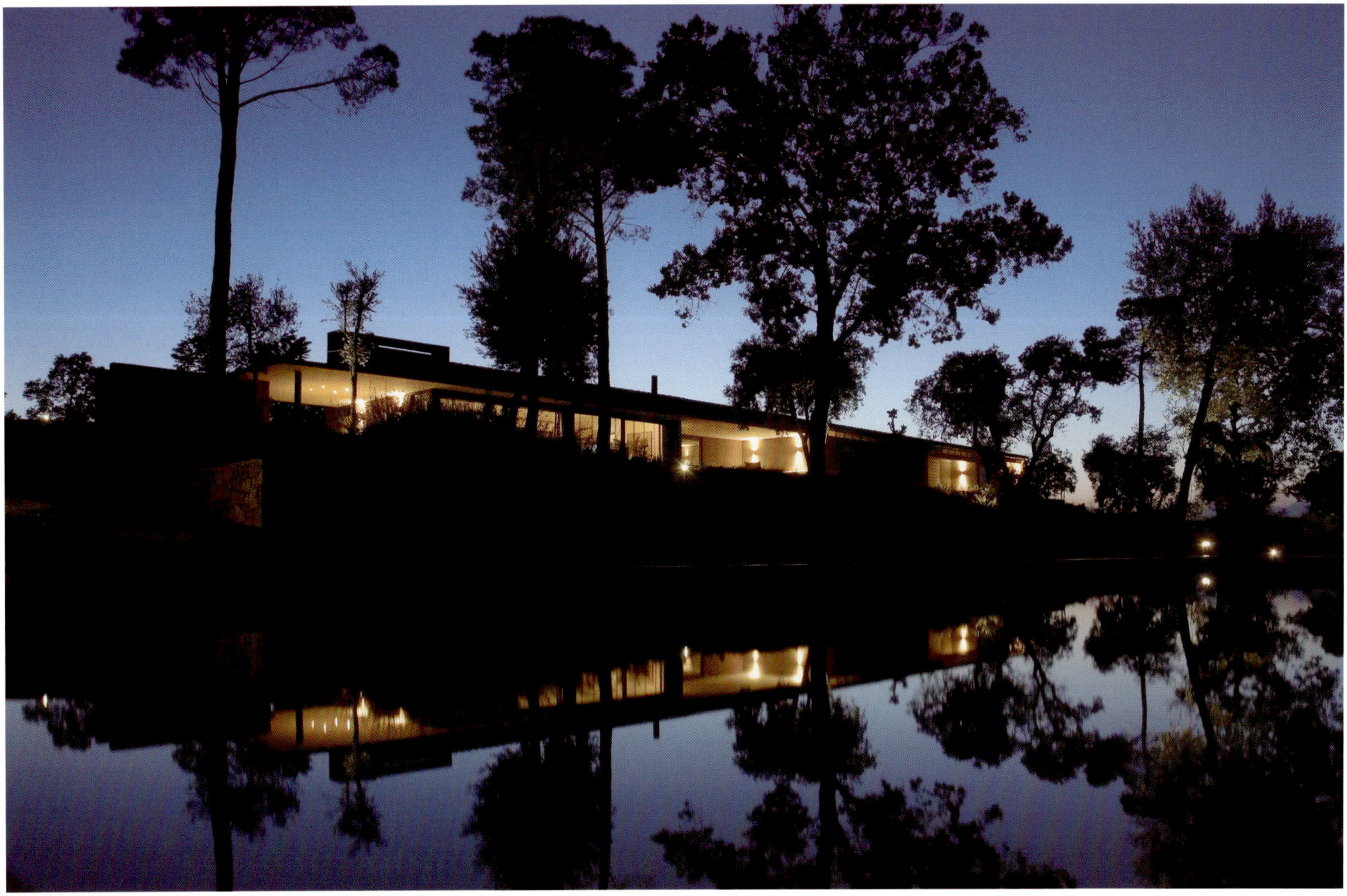

CASA NA PARCELA 14 DA URBANIZAÇÃO ELS
TRULLARS. VISTA DESDE SUDESTE, PÁTIO
NA FACHADA SUL

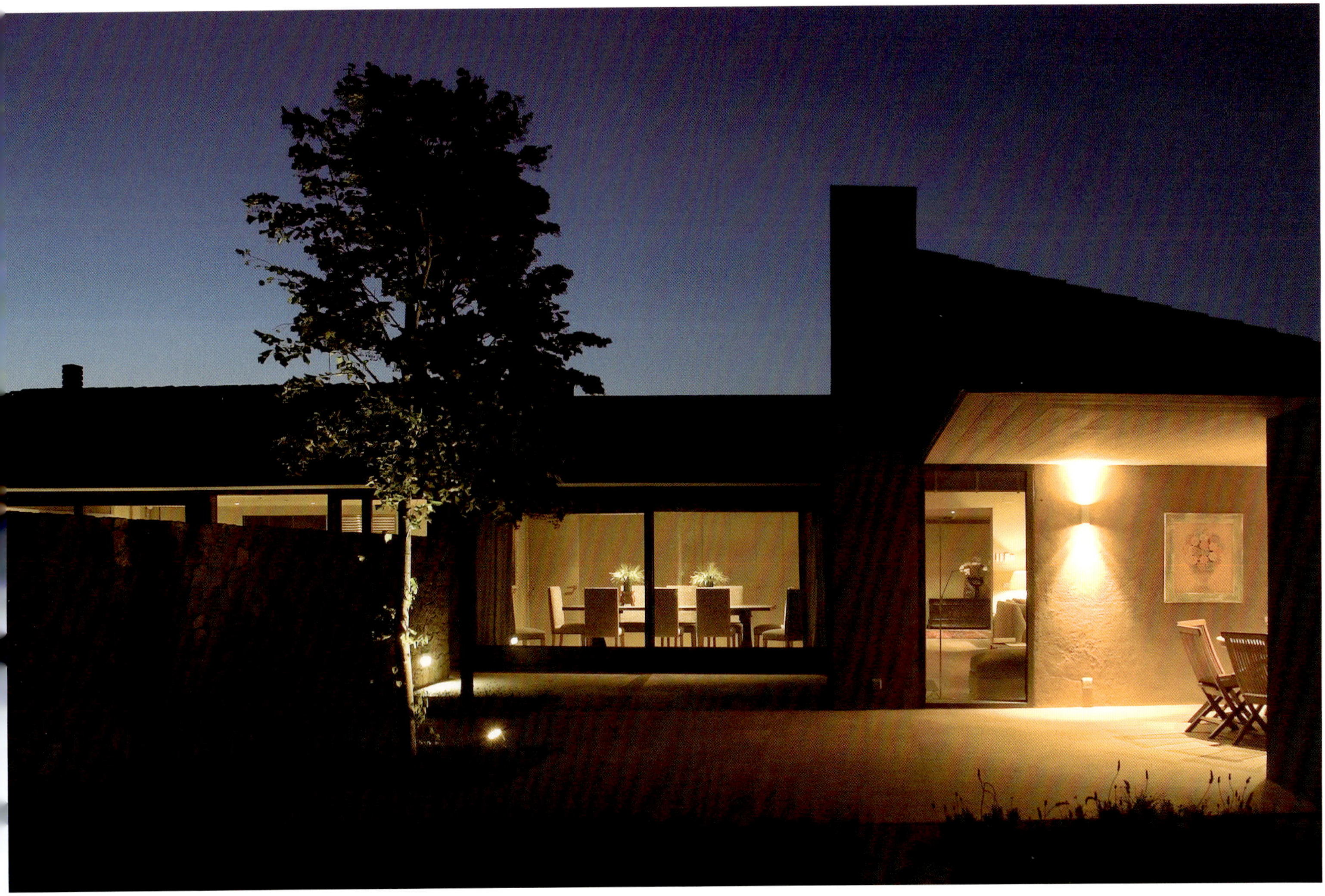

CASA NA PARCELA 14 DA URBANIZAÇÃO ELS TRULLARS. IMPLANTAÇÃO. PAVIMENTO TÉRREO. PÁTIO CENTRAL. VARANDA DE ACESSO

JOGO DE ESPELHOS: CASAS UNIFAMILIARES EM CURSO

O gradual controle da lógica deste método – no qual os espaços de permanência são caracterizados por coberturas inclinadas, com pés-direitos maiores; e os de circulação, mais baixos e dinâmicos, por cobertas planas – possibilitou nos últimos projetos residenciais do escritório (2005-2007) sua experimentação em direção a outras propostas. Por exemplo, em alguns casos abandonando o pátio central como ordenador do espaço – essencial no projeto exposto anteriormente e em praticamente todos os construídos na montanha – para optar por formas de organização centrífugas, como a planta em T ou em cruz esvástica, determinadas essencialmente pelas lajes planas.

À diferença de outras utilizadas nas casas da costa, ou inclusive nas primeiras que foram construídas na região do Baix-Empordà, estas plantas têm sua geometria controlada pelo desenho das coberturas. Entretanto, se acercam novamente às casas da alta montanha devido aos nichos e escalonamentos nas plantas sob as coberturas de forma mais livre e orgânica, de acordo com os usos e as vistas.

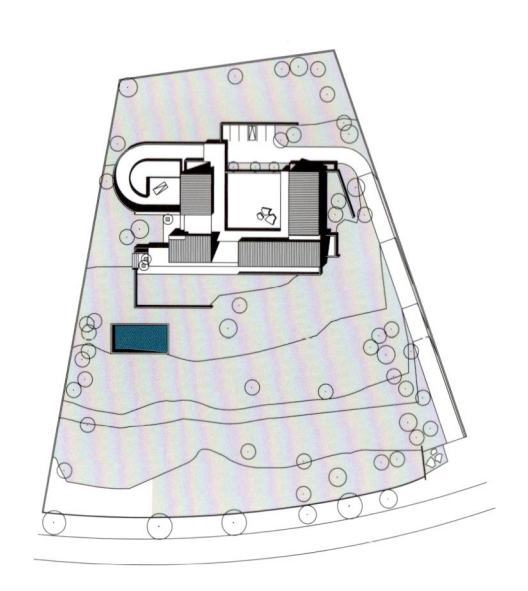

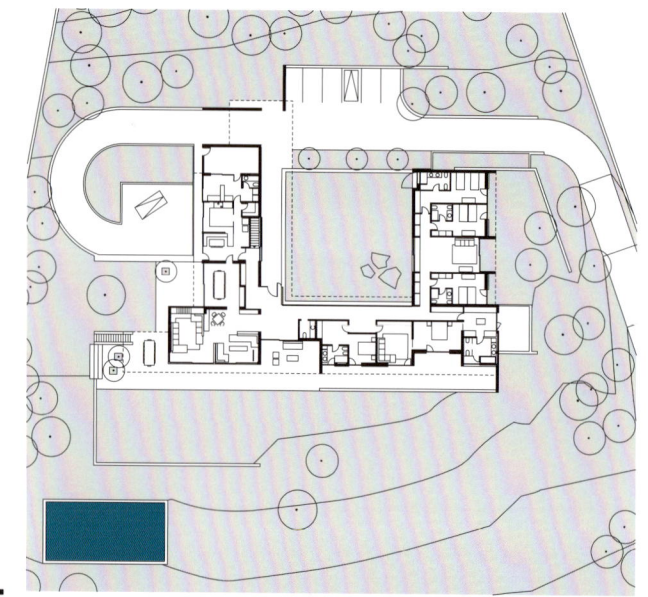

Um último projeto pode ainda trazer à luz outro aspecto relevante: o reflexo, na alta montanha, das propostas desenvolvidas em outras localizações. Como metáfora da escultura de Altes, desvela-se um jogo de espelhos entre os resultados dos distintos contextos que o escritório enfrentou, sugerindo uma mudança importante quanto ao modo de atuar: ante a consolidação do processo projetual, suas estratégias prevaleceram sobre as condicionantes do contexto, invertendo valores determinantes no início da produção do escritório. Não se trata aqui de sua negação, mas sim de sua transformação, legitimada por um fazer cotidiano de busca permanente sem perder o elo condutor que definiu sua arquitetura, feita mais como um ofício do que preocupada com virtuosismos.

Em todos esses projetos em curso condensam-se aspectos tipológicos, formais, compositivos e técnicos experimentados anteriormente. Como uma espécie de linha contínua e subliminar, seguem vigentes as medidas que regem a composição dos alçados, bem como as proporções entre cheios e vazios e entre alturas e distâncias, evoluídas no dia-a-dia do escritório de forma contínua. Algo que se pode definir como um *modus operandi* em que se revela um processo histórico, condensado nestas últimas casas após as distintas etapas enfrentadas nas quatro décadas de atividade do escritório.

CASA NA PARCELA 14 DA URBANIZAÇÃO ELS TRULLARS. VARANDA DE ACESSO, DETALHE DA FACHADA LESTE, VISTA DESDE SUDESTE, VARANDA NA FACHADA LESTE

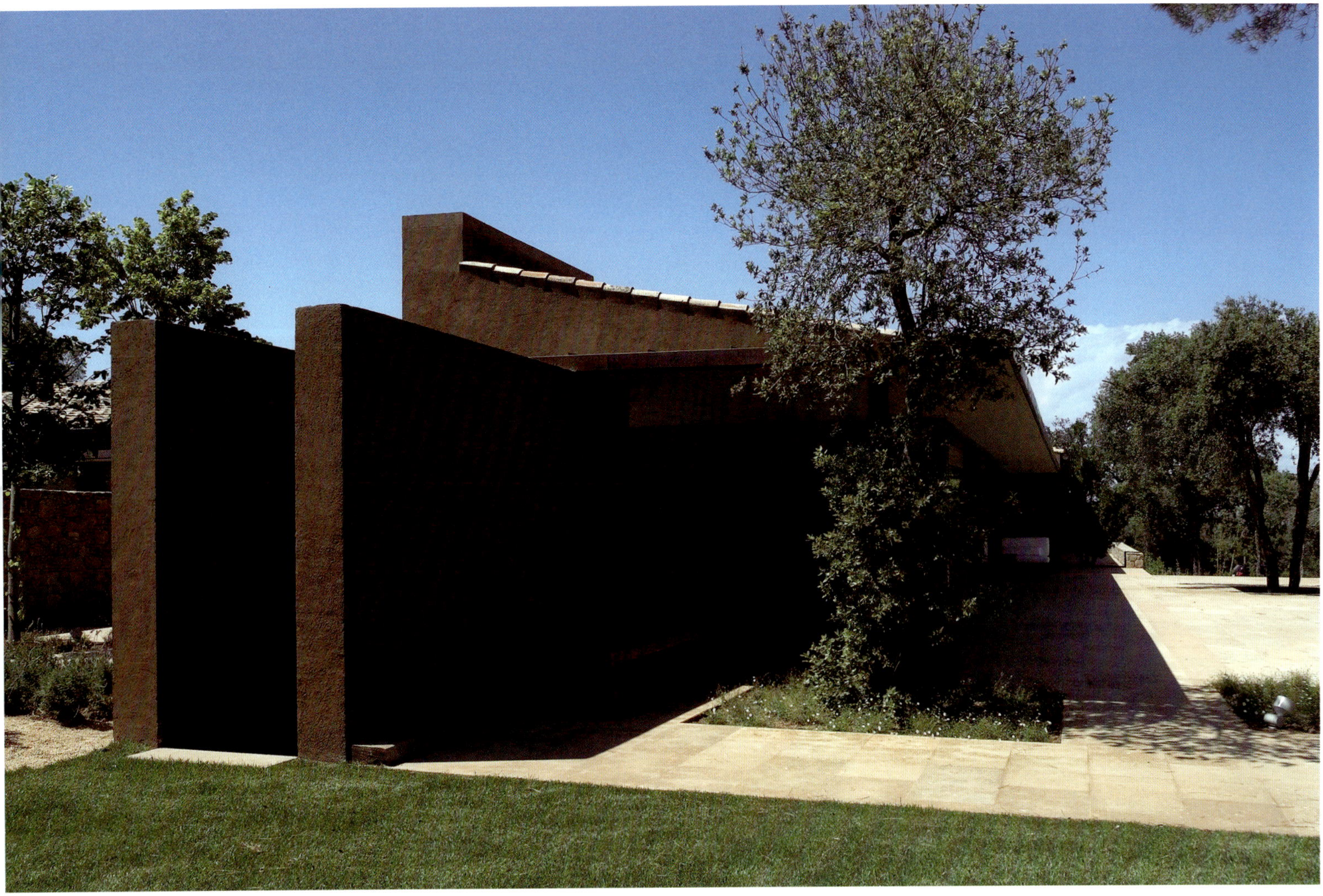

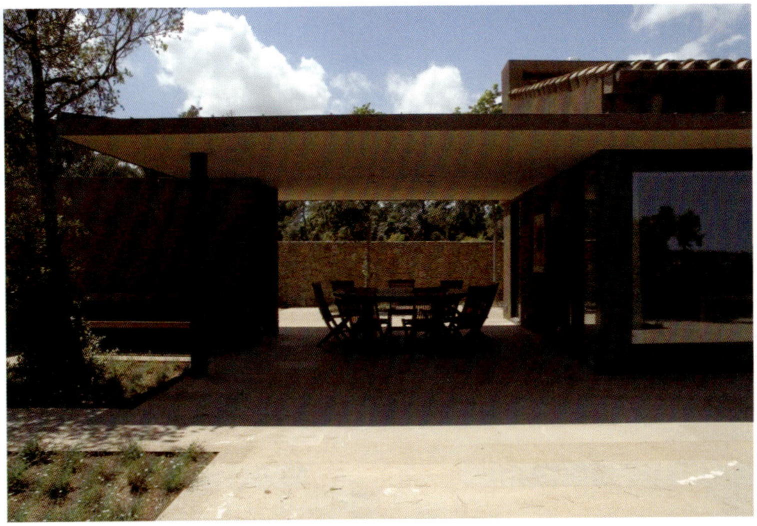

NOTAS

1. Neste caso em especial nos referimos à vigência na Espanha das teses "antelecorbusierianas" de Bruno Zevi em defesa de postulados orgânicos. Aqui é importante considerar o papel que Zevi exerceu junto ao Grup R nos anos 1950 e a influência que exerceu a arquitetura de Alvar Aalto como alternativa de recomposição da arquitetura catalã dentro do marco da cultura européia. Ver: RODRÍGUEZ, Carme. *Grup R*. Barcelona, Gustavo Gili, 1994; MATEO, José Luis. Alvar Aalto y la arquitectura española. *Quaderns d'Arquitectura i Urbanismo*, Barcelona, COAC, n. 157, p. 114-115, abr./jun. 1983.

2. A família Ribas intercalou os nomes Damián e Francisco entre suas gerações: Damián Ribas Puigbo (1829-1903), fundador da Ribas y Pradell; Francisco Ribas Serra (1875-1926); Damián Ribas Barangé; Francisco Ribas Barangé (1933-); Damián Ribas Malagrida (1968-). Com exceção do último, todos foram diretores da empresa. Entrevista de Francisco Ribas ao autor em outubro de 2006.

3. Atualmente Escuela Técnica Superior de Arquitectura de Barcelona (ETSAB). Informação tomada do Anuário da Associação de Arquitetos da Catalunha, 1929, Apêndice I, p. 86. O anuário se refere à Escola como superior de arquitetura de Barcelona somente em 1973, quando passou a ser uma das escolas da Universidade Politécnica e se acrescentou ao seu nome a palavra "Técnica".

4. A Ribas y Pradell foi fundada em 1845 por Damián Ribas Puigbó e seu amigo Francisco Pradell Prat. Catálogo comemorativo dos 100 anos da Ribas y Pradell. Barcelona, I. G. *Oliva de Vilanova*, n. 62, 1945.

5. Tanto a fábrica de elementos cerâmicos como a de pré-fabricados Durisol se situavam em Sant Vicent dels Horts, na província de Barcelona.

6. Segundo Francisco Ribas, o traçado parcial do bairro foi projetado por Francesc Folguera i Grassi (1891-1960).

7. Damián Ribas Barangé possibilitou a transferência de equipamentos importantes para o bairro: o Tenis Club de Barcelona, presidido por seu amigo, o conde de Godó, e o Liceo Francés. Entrevista de Francisco Ribas ao autor em outubro de 2006.

8. Segundo Josep M. Huertas, "a idéia era deixar 30.000 m^2 para espaços livres e edificar 200.000 com blocos de cinco pavimentos [com] apartamentos que oscilariam entre 180 e 300 m^2. Isto abrigaria uma população de cinco mil pessoas

109

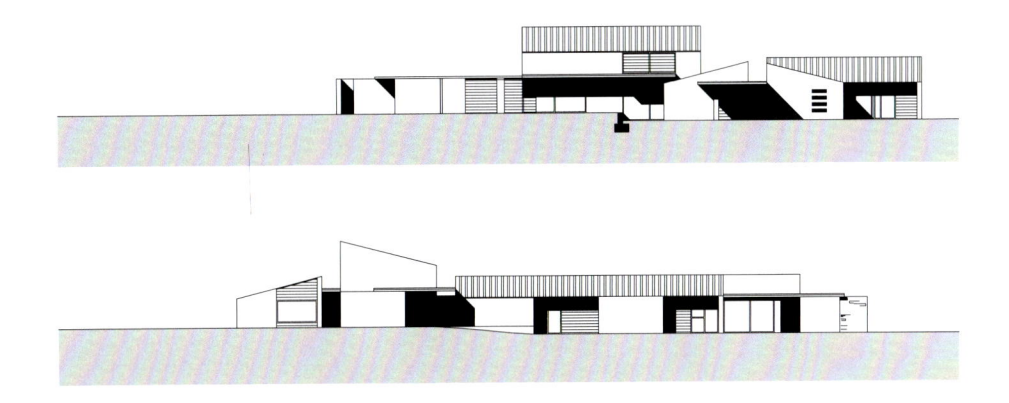

CASA NA PARCELA 11 DA URBANIZAÇÃO ELS TRULLARS, RIBAS ARQUITECTOS, BAIX EMPORDÀ, CATALUNHA, 2006. IMPLANTAÇÃO, FACHADA SUL, FACHADA OESTE, PAVIMENTO TÉRREO

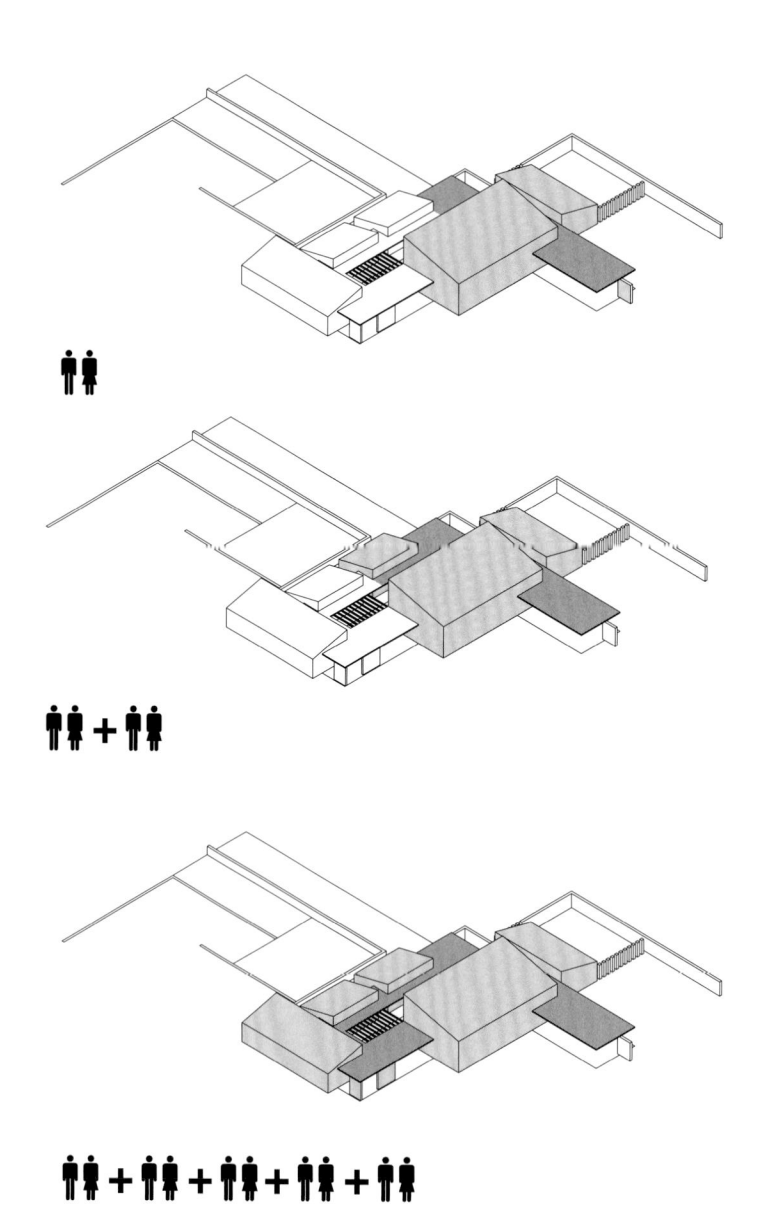

CASA NA PARCELA 10 DA URBANIZAÇÃO ELS TRULLARS, RIBAS ARQUITECTOS, BAIX EMPORDÀ, CATALUNHA, 2006. ESQUEMA VOLUMÉTRICO A PARTIR DO PROGRAMA

e uma média de 160 habitantes por hectare." Traduzido do catalão pelo autor.
In FABRE, Jaume; HUERTAS CLAVERÍA, Josep Maria. *Tots els barris de Barcelona. Les Corts. San Gervasi de Cassoles. El Putxet. Sarriá. Pedralbes. Vallvidrera*. Barcelona, Edicions 62, 1976, p. 182.

9. Estes edifícios foram construídos depois que Raimon Durán i Reynals se alinhou ao GATCPAC – Durán se associou ao grupo em dezembro de 1931 –, quando projetou edifícios marcadamente racionalistas, como o da Calle Aribau (1932-1935). Para Francisco Ribas, a volta a uma linguagem arquitetônica neoclássica foi influenciada e apoiada pelo ambiente gerado durante o regime ditatorial em que submergiu a Espanha a partir dos 1940. Entretanto, é importante destacar que Durán i Reynals viajou com seu amigo Raimon Reventós em 1920 a Florença para estudar Brunelleschi, onde desenhou suas obras e aprendeu sobre suas regras compositivas e esquemas ordenadores. Sobre Durán i Reynals, ver: BOHIGAS, Oriol. Gracias y desgracias de los lenguajes clásicos en Barcelona. *Arquitecturas Bis*, n. 30-31, Barcelona, set. 1979, p. 2-25; GARNICA, Julio. Raimon Durán i Reynals. In PIZZA, Antonio; ROVIRA, Josep Maria (eds.). *La tradición renovada, años 30 Barcelona*. Barcelona, COAC, 1999, p. 73-119.

10. Calle Mallorca n. 288. Entrevista de Francisco Ribas ao autor em dezembro de 2006. Segundo Francisco Ribas, o escritório se enchia no final de cada dia de amigos e colegas, em um clima de festa e boemia.

11. GARNICA, Julio. Raimon Durán i Reynals. In PIZZA, Antonio; ROVIRA, Josep Maria (eds.). *Op. cit.*, p. 77.

12. Referimos-nos aqui ao edifício onde se situam os tribunais de justiça; em castelhano, "Edificios de Juzgados".

13. Situado também ao lado do Parque Cervantes. Entrevista de Francisco Ribas ao autor em dezembro de 2006.

14. Oficialmente o grupo foi fundado em 21 de agosto de 1951 no escritório de J. A. Coderch. Neste momento teve como diretoria Josep Pratmarsó, Oriol Bohigas, Joaquim Gili, Antonio de Moragas, Josep Mª. Sostres, Josep Mª. Martorell e J. A. Coderch y Manuel Valls. In RODRÍGUEZ, Carme. *Op. cit.*, p. 42.

15. O segundo prêmio foi concedido ao projeto de Oriol Bohigas, J. Mª Martorell, Guillermo Giráldez, Pedro Lopez Iñigo e Xavier Subias. In RODRÍGUEZ, Carme. *Op. cit.*, p. 42.

CASA NA PARCELA 05 DA URBANIZAÇÃO ELS TRULLARS. RIBAS ARQUITECTOS. BAIX EMPORDÀ. CATALUNHA. 2006. IMPLANTAÇÃO

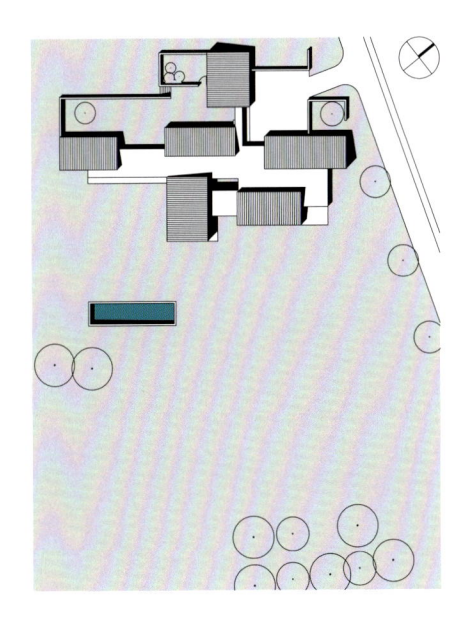

16. *Tramo* significava ironicamente "Trabajos Molestos". A Tramo S.A. e o escritório Ribas y Cia inicialmente compartilharam o mesmo local: um apartamento na Calle Cristina, n. 1. Entrevista de Francisco Ribas ao autor em janeiro de 2007.
17. Francisco Ribas se titulou doutor em dezembro de 1965 e foi professor de projetos para os alunos de 3º e 4º anos da Escuela de Arquitectura de Barcelona entre 1966 e 1969.
18. É importante precisar que Alvar Aalto já tinha aparecido no livro de Sigfried Giedion no início dos anos 1940: GIEDION, Sigfried. *Space, time and architecture. The growth of a new tradition.* Cambridge, The Harvard University Press, 1941.
19. CODERCH, José Antonio. Historia de unas castañuelas. *Arkkitehti Arkitekten*, n. 7-8, Helsinki, 1967, p. 54-55.
20. CODERCH, José Antonio. No son genios lo que necesitamos ahora. *Domus*, n. 384, Milão, nov. 1961.

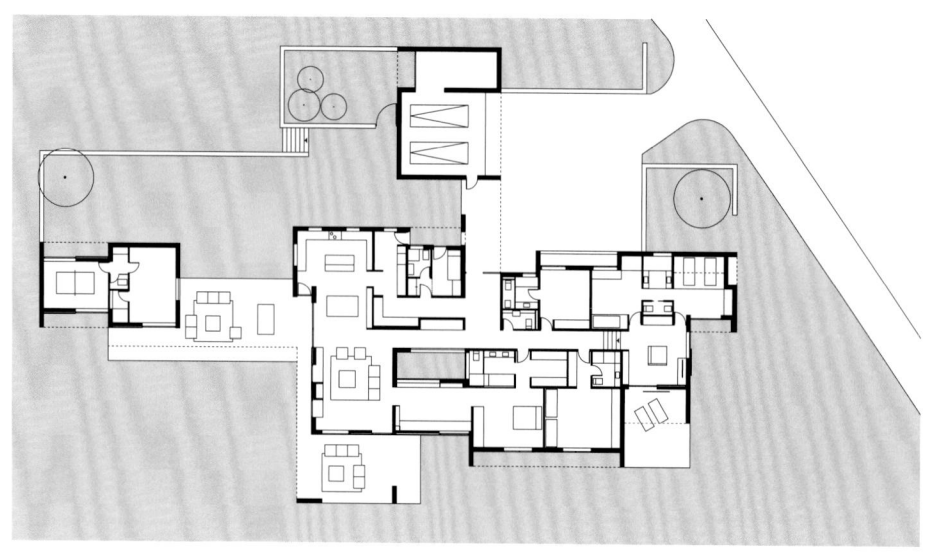

21. Pode-se destacar a obra de Lluís Domènech i Montaner (1850-1923): Hospital de la Santa Creu y de Sant Pau (1902); Palacio de la Musica Catalana (1905-1908); Editorial Montaner i Simon, atual Fundación Tapiès (1881-1886).
22. Como exemplo entre muitos podem ser citados: Casa Christensen (Charlottenlund, 1937), Casa Frederiksen (Charlottenlund, 1936), Soholm I (Klampenborg, 1946-1950). Todos estes projetos estão incluídos no que Carten Thau define como "regional modernism" na obra de Jacobsen. *In* THAU, Carten. *Arne Jacobsen.* Copenhague, Danish Architectural Press, 2001.
23. Entrevista de Francisco Ribas ao autor em dezembro de 2006.
24. Entre os anos 1929 e 1939 a produção arquitetônica da cidade de Barcelona se aproxima do movimento moderno por meio do GATCPAC (inicialmente formado por Josep Lluís Sert, Francesc Fàbregas, Ricardo de Churruca, Germán Rodríguez Arias

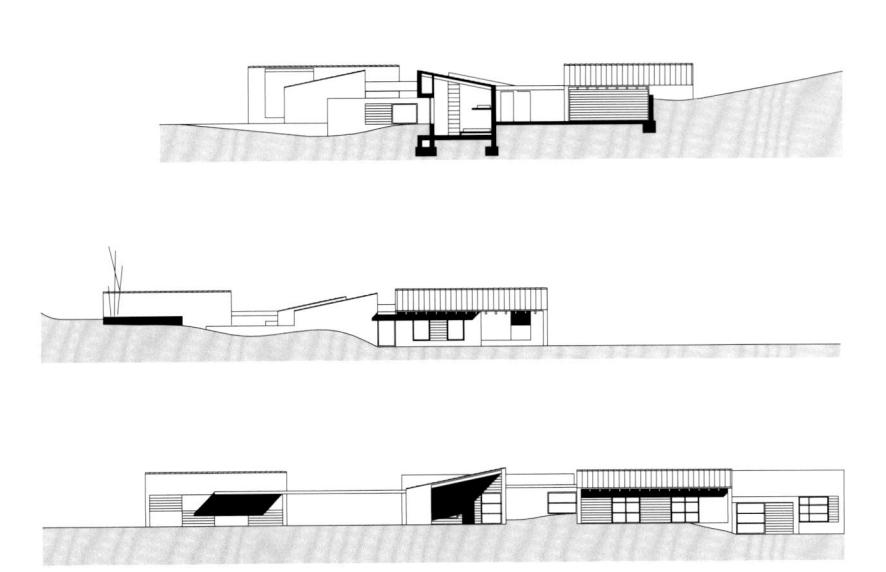

CASA NA PARCELA 05 DA URBANIZAÇÃO ELS TRULLARS. PAVIMENTO TÉRREO. CORTE. FACHADA SUDOESTE. FACHADA SUDESTE

e Josep Torres Clavé), afastando-se das arquiteturas imediatamente precedentes, como por exemplo o modernismo catalão. Nestes anos predominou o uso do reboco branco, salvo poucas exceções de arquitetos independentes do grupo, a exemplo de Pere Benavent de Barberà.

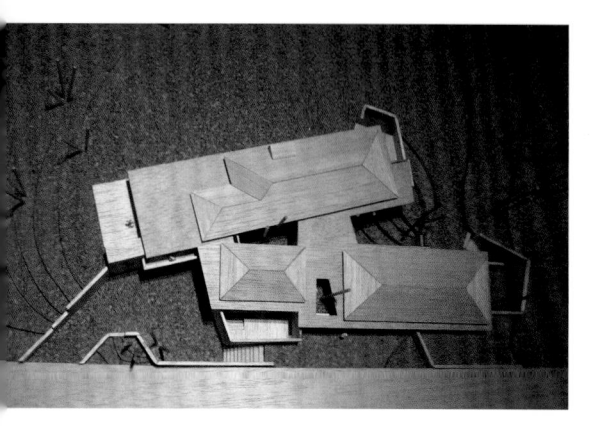

25. A colaboração entre os dois escritórios foi resultado de um concurso em que ambos foram premiados e, a pedido do investidor, se uniram para o desenvolvimento de uma nova proposta. Entrevista de Francisco Ribas ao autor em dezembro de 2006.

26. A colaboração entre os dois escritórios ocorreu enquanto Francisco Ribas iniciava o projeto do RACC e, concomitantemente, Enric Batlle e Joan Roig desenvolviam o projeto de uma ponte que cruzaria a Avenida Diagonal desde o Parque Cervantes até onde hoje está construído o RACC. A necessária intervenção no projeto de Ribas para a adequação da ponte levou à incorporação definitiva de Enric Batlle e Joan Roig no projeto. Esta colaboração continuou com a ampliação do RACC em 2006 e 2007 e com o projeto apresentado para o concurso da Universidade de Química da UB. Entrevista de Francisco Ribas ao autor em janeiro de 2007.

27. Edifício do Real Automóvel Clube de Catalunha. *Architécti*, n. 37, Lisboa, ano VII, maio/jul. 1997, p. 70-77.

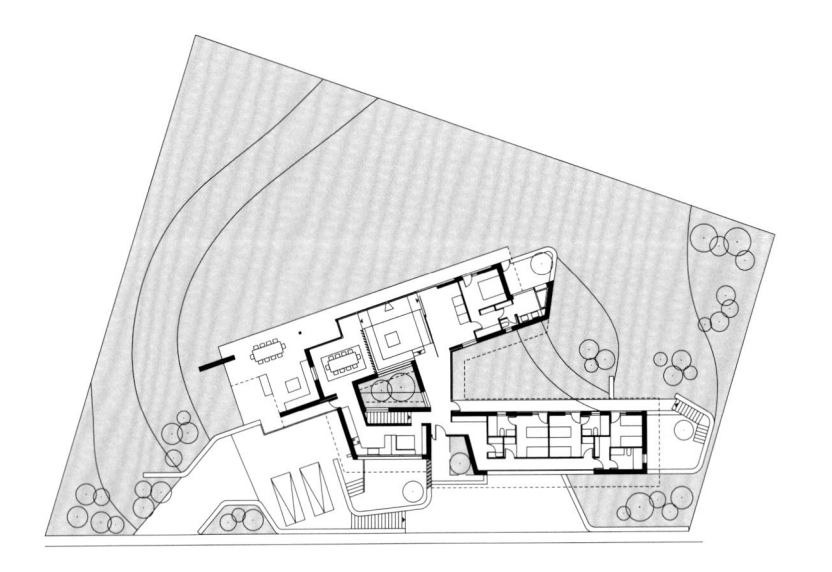

CASA, RIBAS ARQUITECTOS, LA DEVESA DEL GOLF, CERDANHA, CATALUNHA, 2007. MAQUETE, FACHADA NORDESTE (ACESSO), PAVIMENTO TÉRREO, PLANTA SUBTERRÂNEA, IMPLANTAÇÃO

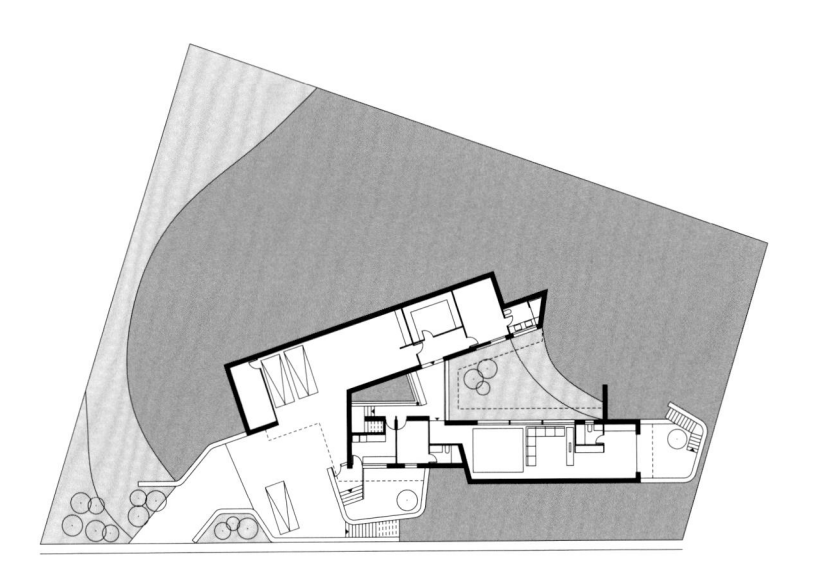

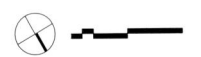

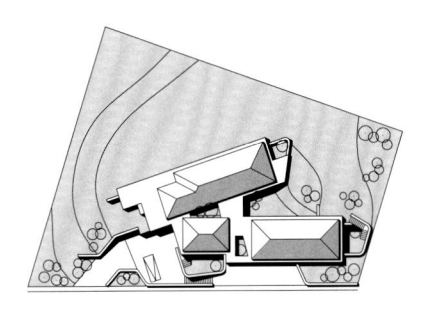

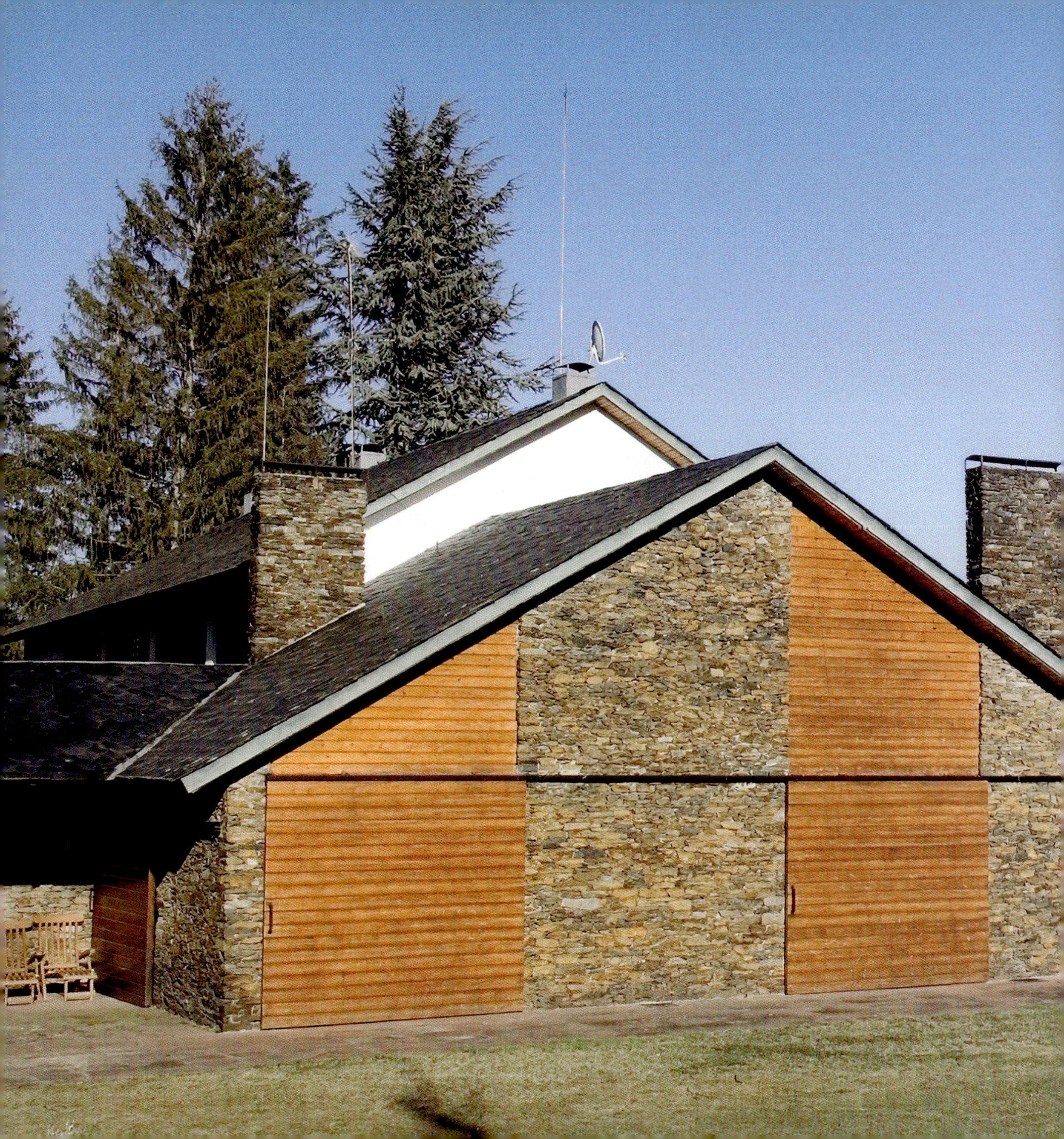

BIBLIOGRAFIA

GERAL
LIVROS

Anuario de la Asociación de Arquitectos de Cataluña, 1923.

Anuario de la Asociación de Arquitectos de Cataluña, 1926.

Anuario de la Asociación de Arquitectos de Cataluña, 1929.

BOHIGAS, Oriol. Gracias y desgracias de los lenguajes clásicos en Barcelona. *Arquitecturas Bis*, n. 30-31, Barcelona, set. 1979, p. 2-25.

BOHIGAS, Oriol. *Arquitectura española de la segunda república*. Barcelona, Tusquets, 1970.

CODERCH, José Antonio. No son genios lo que necesitamos ahora. *Domus*, n. 384, Milão, nov. 1961. Publicado posteriormente em *Arquitetura*, n. 73, Lisboa, dez. 1961, p. 3-4; *Colegio Oficial de Arquitectos*, n. 38, Madri, fev. 1962, p. 21-26; *Nueva Forma*, n. 106, Madri, nov. 1974, p. 34-35.

_____. Historia de unas castañuelas. *Arkkitehti Arkitekten*, n. 7-8, Helsinque, 1967, p. 54-55. Artigo comemorativo do 75º aniversário da Associação de Arquitetos Finlandeses. Publicado posteriormente em *Nueva Forma*, n. 106, Madri, nov. 1974, p. 40.

FABRE, Jaume; HUERTAS CLAVERÍA, Josep Maria. *Tots els barris de Barcelona. Les Corts. San Gervasi de Cassoles. El Putxet. Sarriá. Pedralbes. Vallvidrera*. Barcelona, Edicions 62, 1976.

FOCHS, Carles (ed.). *J. A. Coderch de Sentmenat 1913-1914*. Barcelona, Gustavo Gili, 1989.

GARNICA, Julio. Raimon Durán i Reynals. *In* PIZZA, Antonio; ROVIRA, Josep Maria (eds.). *La tradición renovada, años 30 Barcelona*. Barcelona, COAC, 1999, p. 73-119.

GIEDION, Sigfried. *Space, time and architecture. The growth of a new tradition*. Cambridge, The Harvard University Press, 1941.

MATEO, José Luis. Alvar Aalto y la arquitectura española. *Quaderns d'Arquitectura i Urbanismo*, n. 157, Barcelona, COAC, abr./jun. 1983, p. 114-115.

RODRÍGUEZ, Carme. *Grup R*. Barcelona, Gustavo Gili, 1994.

ROVIRA, Josep Maria. Hora es de abandonar el silencio... *In* MONTEYS, Xavier (ed.). *La arquitectura de los años 50 en Barcelona*. ETSA del Vallés, Direcció General d'Arquitectura i Habitatge de la Generalitat, Barcelona, 1987, p. 188-205.

THAU, Carten. *Arne Jacobsen*. Copenhagen, Danish Architectural Press, 2001.

REVISTAS

Quaderns d'Arquitectura i Urbanisme, n. 188-189, Barcelona, jan./jun. 1990.

SOBRE O ESCRITÓRIO RIBAS ARQUITECTOS
LIVROS

GAUSA, Manuel; CERVELLÓ, Marta; PLA, Maurici. *Barcelona, guía de arquitectura moderna 1860-2002*. Barcelona, Actar, 2002.

GONZÁLEZ, Antoni; LACUESTA, Raquel. *Barcelona, guía de arquitectura 1929-2000*. Barcelona, Gustavo Gili, 2006.

PUIG, Ramon Maria (int.). *Casas de montaña – Pirineos*. Barcelona, Gustavo Gili, s/d.

TARDIVEAU, Armelle (coord.). *Habitat proyecta*. Barcelona, Grup 3, s/d.

VALLE, Cristina del. *New bars & restaurants*. Nova York, Haper Collins Publishers, 2004.

REVISTAS

Edifício do Real Automóvel Clube de Catalunha. *Architécti*, n. 37, Lisboa, ano VII, mai./jul. 1997, p. 70-77.

Edifici del Reial Automòbil Club ce Catalunya. *Quaderns d'Arquitectura i Urbanisme*, n. 221, Barcelona, 1998, p. 108-109.

CATÁLOGOS

Catálogo conmemorativo de los 100 años de la Ribas y Pradell. Barcelona, I. G. Oliva de Vilanova, n. 62, 1945.

Catálogo da empresa, sem numeração de páginas, 1963, depósito legal B23.291.

IMAGENS

Arquivo da família Ribas
    p. 10, 12 (acima).

Arquivo Ribas Arquitectos
    p. 11 (acima), 13, 14 (acima e direita), 15, 17, 19 (desenhos), 20, 21, 23 (acima), 26, 33 (acima), 34 (acima), 35 (acima, direita), 37, 38, 39, 40, 41, 42 (abaixo), 43, 44, 45 (desenhos), 46, 47, 48, 49, 50, 51, 53, 66, 67, 68, 69 (desenho), 89 (acima), 96 (acima), 99 (desenho), 114 (foto maquete).

Arquivo Coderch, ETSAV / UPC
    p. 95.

Catálogo conmemorativo de los 100 años de la Ribas y Pradell. Barcelona: I. G. Oliva de Vilanova, n. 62, 1945
    p. 9 (acima), 11 (esquerda e abaixo), 12 (meio e abaixo), 16.

Desenhos atuais (Tatiane Rocha e Ivana Barossi Garcia)
    p. 25, 31, 33 (abaixo), 35 (acima, esquerda), 48 (acima, esquerda), 55, 57, 59, 66 (acima, esquerda), 73, 74, 79 (abaixo), 81 (abaixo), 82 (acima), 83, 86 (abaixo), 87 (abaixo), 89 (abaixo), 90 (abaixo), 91 (direita e abaixo), 93 (esquerda), 96 (abaixo), 104, 108, 109, 110, 111, 112, 113, 114 (abaixo), 115.

Desenho de Damián Ribas
    p. 69, 89 (elevação sul), 96 (planta baixa da proposta inicial), 98.

Desenho de Francisco Ribas
    p. 15, 19 (elevação sudeste), 23, 26, 33 (estudo inicial), 34, 35 (perspectiva aérea), 46.

Desenho de José Luis Cia
    p. 19 (perspectiva aérea), 45.

Fotografias atuais (Rodrigo Stocco)
    p. 2-3 (Spa del Hotel Mas de Torrent), 8 (casa em Bolvir, 1980), 18, 19, 22 (casa em Bolvir, 2000), 23, 24, 27, 28, 29, 30, 32, 34, 35, 36, 42 (acima), 45 (abaixo), 50, 51 (acima), 52 (casa na Calle Roma), 56, 58, 60, 61, 63, 64, 65, 69, 70, 71, 72, 75, 76, 77, 78, 79, 80, 82, 84, 85, 86, 87, 88, 90, 91, 92, 93, 94, 97, 98, 99, 100, 101, 102, 103, 105, 106, 107, 116-117 (casa em Bolvir, 1960), 120 (casa na parcela 26 de Torrent).

Fotografias atuais (Marcio Cotrim)
    p. 14 (esquerda, abaixo), 51 (abaixo).

Fotografias atuais (Joan Pont)
    p. 81.

Revista *A.C*, n. 7, 1932
    p. 9 (abaixo).

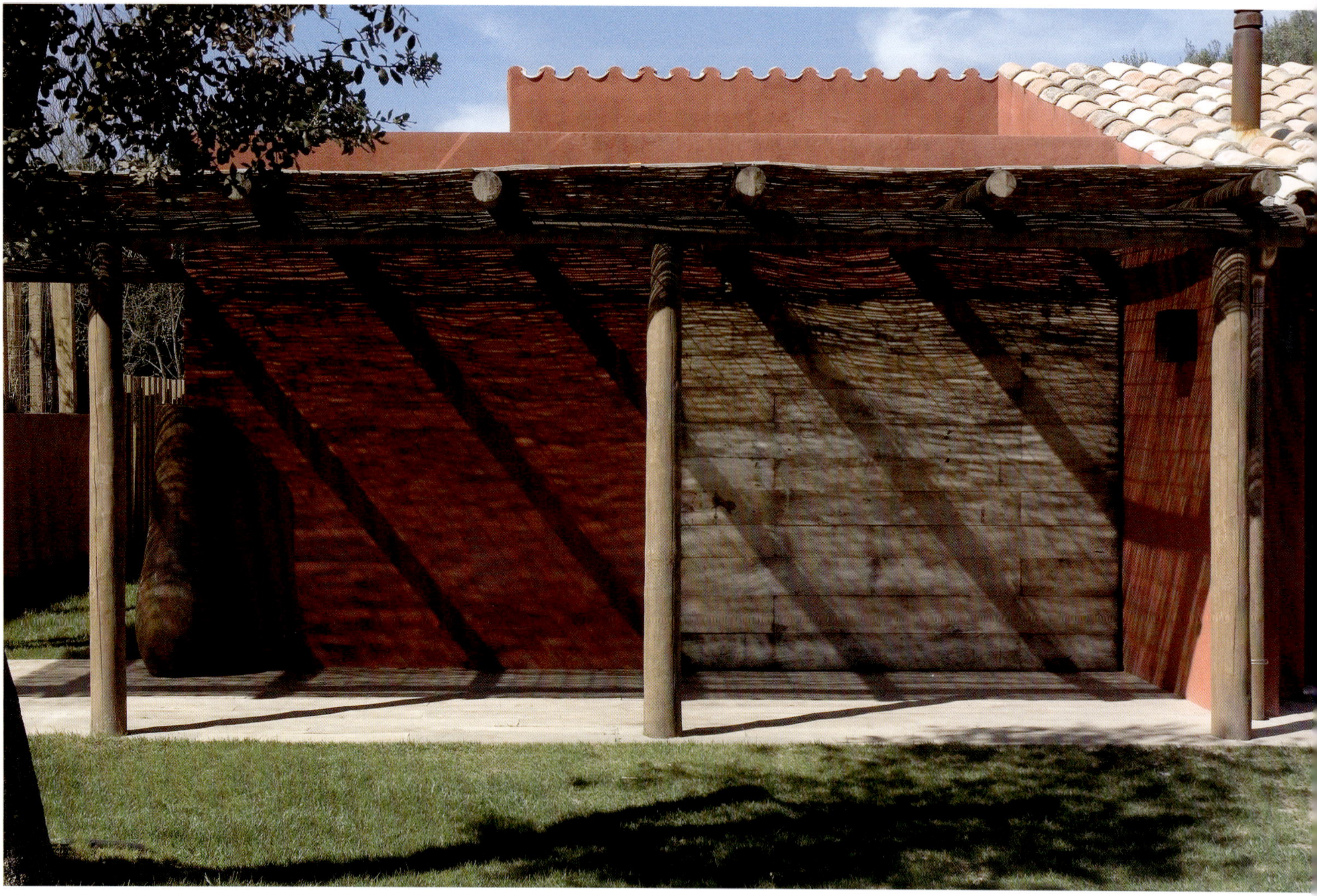